AF608876

Monopolkommission

Politischer Einfluss auf Wettbewerbsentscheidungen

Wissenschaftliches Symposium anlässlich des 40-jährigen Bestehens der Monopolkommission am 11. September 2014 in der Rheinischen Friedrich-Wilhelms-Universität Bonn

Nomos

Die Deutsche Nationalbibliothek verzeichnet diese Publikation in der Deutschen Nationalbibliografie; detaillierte bibliografische Daten sind im Internet über http://dnb.d-nb.de abrufbar.

ISBN 978-3-8487-2719-3 (Print)
ISBN 978-3-8452-7064-7 (ePDF)

1. Auflage 2015

Vorwort

Der vorliegende Band enthält Beiträge zu einem Symposium, das die Monopolkommission aus Anlass ihres 40-jährigen Bestehens im September 2014 in Bonn veranstaltet hat. Mit dem Symposium konnte die Kommission an entsprechende frühere Ereignisse anknüpfen: Zum 20-jährigen Bestehen fand 1994 ein Kolloquium im Wissenschaftszentrum Bonn zum Thema „Wettbewerbspolitik im Wandel“ statt.[1] Aus Anlass ihres 30-jährigen Bestehens veranstaltete die Kommission im Jahr 2004 in der Humboldt-Universität zu Berlin ein Kolloquium zu „Zukunftsperspektiven der Wettbewerbspolitik“.[2] Das Symposium von 2014 hat ein Thema zum Gegenstand, das sich als Konstante durch die Arbeit der Monopolkommission zieht: Das Verhältnis von Wettbewerb und Politik. Dieses Verhältnis hat, wie aus den Beiträgen deutlich wird, viele Facetten.

Wenn von der Monopolkommission die Rede ist, kann damit zweierlei gemeint sein: Die Monopolkommission im Rechtssinne meint die Kommission in ihrer jeweiligen personellen Zusammensetzung. Dem Gesetz zufolge besteht „(d)ie Monopolkommission ... aus fünf Mitgliedern, die über besondere volkswirtschaftliche, betriebswirtschaftliche, sozialpolitische, technologische oder wirtschaftsrechtliche Kenntnisse und Erfahrungen verfügen müssen“ (§ 45 Abs. 1 Satz 1 GWB). Bis heute hat die Monopolkommission insgesamt 25 Mitglieder gehabt. Derzeit gehören ihr Dagmar Kollmann, Dr. Thomas Nöcker, Prof. Achim Wambach, Ph.D., Dr. Angelika Westerwelle und Prof. Dr. Daniel Zimmer (als Vorsitzender) an. Als Institution besteht die Monopolkommission demgegenüber auch dann fort, wenn ihre Mitglieder wechseln. In vielen inhaltlichen Fragen ist aber eine Kontinuität in den Aussagen der Kommission zu beobachten. Diese Kontinuität wird ein Stück weit gepflegt: Die Kommission beachtet in ihrer jeweiligen Zusammensetzung durchaus, wofür und wogegen sie in einer früheren Konstellation gestritten hat. So kommt es, dass die Monopolkommission beispielsweise seit 1990 durch viele Gutachten hindurch kontinuierlich für eine Liberalisierung des Fernbusverkehrs eingetreten ist – bis Ende 2012 endlich die aus den 1930er Jahren stammende Eisenbahn-Schutzgesetzgebung aufgehoben und die Grundlage für eine Konkurrenz von Bahn und Bus geschaffen worden ist. Die Kommission versucht auch in vielen anderen Hinsichten, Widersprüche und Inkonsistenzen zu vermeiden – wobei allerdings immer wieder auch Korrekturen früherer Positionen erfolgen, weil Sachfragen und Rechtsprobleme heute oft in einem anderen Licht erscheinen als vor zehn oder vor zwanzig Jahren.

Was stets erforderlich ist, um zu einer *bewussten* Entscheidung zwischen Kontinuität und Wandel zu gelangen, sind Menschen, die den Bestand der Aussagen der Monopolkommission über die Jahrzehnte kennen. Immerhin liegen mittlerweile 20 Haupt- und 67 Sondergutachten vor. Man braucht also eine Art institutionalisiertes Gedächtnis und darüber hinaus einen sehr gut funktionierenden wissenschaftlichen Apparat, um die Aufgaben der Monopolkommission bewältigen zu können. Damit ist die *Geschäftsstelle* der Kommission angesprochen. Diese Geschäftsstelle hat seit 2012 eine neue Leitungsstruktur. An die Stelle von Generalsekretär Dr. Horst Greiffenberg, der die Geschäftsstelle während dreier Jahrzehnte geleitet hatte, sind Dr. Klaus Holthoff-Frank als neuer Generalsekretär und Dr. Juliane Scholl als Geschäftsführerin getreten. Die wissenschaftliche Arbeit der Kommission wird darüber hinaus auch von Mitarbeiterinnen und Mitarbeitern geleistet, denen an dieser Stelle ganz herzlich für ihre vorzügliche Arbeit zu danken ist.

Bonn, im Dezember 2014

Professor Dr. Daniel Zimmer

Vorsitzender der Monopolkommission

---

1 Die Beiträge wurden veröffentlicht: Monopolkommission, Wettbewerbspolitik im Wandel, Colloquium anlässlich des 20jährigen Bestehens der Monopolkommission am 23. Juni 1994 im Wissenschaftszentrum Bonn, Nomos Verlagsgesellschaft 1995.

2 Die Beiträge sind abgedruckt in Monopolkommission, Zukunftsperspektiven der Wettbewerbspolitik, Colloquium anlässlich des 30-jährigen Bestehens der Monopolkommission am 5. November 2004 in der Humboldt-Universität zu Berlin, Nomos Verlagsgesellschaft 2005.

Begrüßung und Einführung: Wettbewerb und Politik – eine Einführung in das Thema

*Prof. Dr. Daniel Zimmer, LL.M. (UCLA)**
Vorsitzender der Monopolkommission und geschäftsführender Direktor des Instituts für Handels- und Wirtschaftsrecht und des Center for Advanced Studies in Law and Economics (CASTLE) der Universität Bonn

Politischer Einfluss bei Wettbewerbsentscheidungen – das klingt zunächst einmal anrüchig. Die Lebenswirklichkeit kennt demgegenüber ganz unterschiedliche Fallgestaltungen, die eine differenzierende Bewertung erfordern. Es gibt Fälle, in denen Unternehmensvorstände bei Politikern antichambrieren, damit diese bei Kartellbehörden nachdrücklich für eine möglichst wohlwollende Prüfung eines Zusammenschlussvorhabens werben. Es gibt aber auch Fälle, in denen echte oder vermeintliche *Gemeinwohlinteressen* ins Spiel gebracht werden, um eine bestimmte Entscheidung zu erreichen. Gerade hier – wenn es um eine Berücksichtigung von Gemeinwohlbelangen geht – lässt sich nicht immer in aller Einfachheit und Eindeutigkeit sagen, was legitim und was illegitim erscheint. Sind Politiker nicht zur Förderung des Gemeinwohls gehalten?

Um es etwas konkreter zu machen: *Kooperationen* sind in der Vergangenheit auch mit günstigen ökologischen Wirkungen begründet worden.[1] Zugunsten von *Zusammenschlüssen* werden immer wieder günstige Beschäftigungseffekte und Standortauswirkungen angeführt.[2] Können solche Belange – im europäischen Recht spricht man zum Teil auch von konkurrierenden Politiken – bei der Anwendung des Wettbewerbsrechts Berücksichtigung finden? Gibt es, wenn man so will, *Ventile*, durch die *außerwettbewerbliche Belange* in die Entscheidungsfindung Einlass finden können?

Diese Fragen werden auf dem Symposium der Monopolkommission im Rahmen von drei Panels diskutiert. Das erste Panel ist dem Thema „Außerwettbewerbliche Aspekte bei Entscheidungen nach Art. 101 AEUV" gewidmet. Hier geht es um die Frage, ob und unter welchen Voraussetzungen andere als Wettbewerbsgesichtspunkte bei der Beurteilung von *kooperativem Verhalten* in Rechnung zu stellen sind. Das zweite Panel befasst sich mit Möglichkeiten der Berücksichtigung „Außerwettbewerblicher Aspekte bei *Fusionskontrollentscheidungen*" nach deutschem und europäischem Recht. Während diese beiden Panels vornehmlich der *materiellen* Berücksichtigungsfähigkeit anderer als wettbewerblicher Belange gewidmet sind, beschäftigt sich das dritte Panel mit einer sozusagen quer dazu liegenden Fragestellung: Was wäre ein vorzugswürdiges *Verfahren* für die Einführung nichtwettbewerblicher Gesichtspunkte? Ist etwa das Verfahren der deutschen Ministererlaubnis das bestgeeignete Format, oder gibt es bessere Verfahren für eine Auseinandersetzung mit anderen als Wettbewerbsgesichtspunkten? Der Tag wird mit einer *Keynote* des Vizepräsidenten der Europäischen Kommission, Herrn Günther Oettinger, über „Wettbewerb und Politik in Europa" abgeschlossen.

An dieser Stelle soll zunächst eine Hinführung zum ersten Panel erfolgen: Zum Thema der „außerwettbewerblichen Aspekte bei Entscheidungen nach Art. 101 AEUV, insbesondere im Licht der Querschnittsklauseln des AEUV". Das klingt zunächst sehr technisch – und sehr juristisch. Es geht aber um ein Problem, das nicht nur eine juristische Dimension hat, sondern auch eine ökonomische und sicher auch eine politische.

---

* Der Beitrag führt zunächst in das Thema des Symposiums ein und leitet sodann zum ersten Panel über. Der Verfasser dankt Herrn Wiss. Mitarbeiter *Julian Dompke* für Unterstützung bei der Quellenrecherche.

1 Vgl. z. B. *EU-Kommission,* Entscheidung vom 24.01.1999, Sache IV.F.1/36.718, Az. K(1999) 5064, ABl. v. 26.07.2000 Nr. L 187/47 Rdnrn. 47 ff., insb. 55 ff. „*CECED*"; siehe auch den ökologischen Aspekt in *EU-Kommission*, Entscheidung vom 23.12.1992, Sache IV/33.814, ABl. 1993 Nr. L 20/14 Rdnr. 26 „*Ford/Volkswagen*".Die Kommission stellte in diesen Entscheidungen nichtallein auf den Umweltschutz ab, sondern zog diesen als einen von mehreren Gesichtspunkten heran.

2 So der Parteivortrag in den Ministererlaubnisverfahren BMWi 17.10.1976 WuW/E BWM 155 ff. „*Babcock/Artos*"; BMWi 9.12.1981 WuW/E BWM 177, 180 ff. „*IBH/Wibau*" BMWi 22.7.1997 WuW/E BWM 225 ff. „*Kali+Salz/PCS*"; BMWi 5.7.2002, WuW/E DE-V 573 ff. „*E.ON/Ruhrgas*" . Im Ganzen war der Versuch von Unternehmen, eine Ministererlaubnis unter dem Gesichtspunkt des Erhalts von Arbeitsplätzen zu erwirken, aber kaum von Erfolg gekrönt. Vgl. für eine Analyse der Entscheidungspraxis *Thomas* in Immenga/Mestmäcker, Wettbewerbsrecht, Band 2. GWB, 5. Aufl. München 2014, § 42 GWB Rdnrn. 105 ff.

Die Frage lautet, ob sich zugunsten *wettbewerbsbeschränkender Vereinbarungen* anführen lässt, dass sie beispielsweise dem Gesundheits-, dem Umweltschutz oder der Förderung der Beschäftigung dienen.[3] Eine erste Lösung des Problems könnte im Kartellverbotstatbestand liegen[4]: Es gibt ja bereits Restriktionen dieses Tatbestandes, die teilweise unter Begriffen wie Immanenztheorie[5] oder Markterschließungsdoktrin[6] abgehandelt werden. Immer wieder wird diskutiert, ob eine Art europäische *rule of reason* existiere, die eine buchstabengetreue Anwendung des Verbotstatbestandes entbehrlich mache.[7] Allerdings hat diese Formel – *rule of reason* – bei den Gemeinschaftsgerichten keinen Anklang gefunden[8], und überhaupt muss fraglich erscheinen, ob Rechtsanwender bei der Anwendung des Verbotstatbestandes – also des Absatzes 1 – einen Spielraum haben.[9]

---

3 Dazu exemplarisch *Breuer*, Das EU-Kartellrecht im Kraftfeld der Unionsziele – Die finale Programmierung der Unionstätigkeit durch die Querschnittsklauseln am Beispiel des Art. 101 AEUV, Baden Baden 2013; *Everling*, Querschnittsklauseln im reformierten Europäischen Kartellrecht, in: Baums/Lutter/Schmidt/Wertenbruch (Hrsg.), Festschrift für Ulrich Huber zum siebzigsten Geburtstag, Tübingen 2006, S. 1073 ff., *Koch*, Die Einbeziehung nichtwettbewerblicher Erwägungen in die Freistellungsentscheidung nach Art. 81 Abs. 3 EG, ZHR 169 (2005), S. 625 ff.; *Kokott/Dittert* (in diesem Band); *Monti*, Article 81 EC and Public Policy, Common Market Law Review 39 (2002), S. 1057 ff.; *Roth*, Die Berücksichtigung nichtwettbewerblicher Ziele im europäischen Kartellrecht – eine Skizze –, in: Engel/Möschel (Hrsg.), Recht und spontane Ordnung, Festschrift für Ernst-Joachim Mestmäcker zum achtzigsten Geburtstag, Baden Baden 2006, S. 411 ff.; Schweitzer, Die Bedeutung nicht-wettbewerblicher Aspekte für die Auslegung von Art. 101 AEUV im Lichte der Querschnittsklauseln, (in diesem Band); *Townley*, Article 81 EC and Public Policy, Oxford and Portland, Oregon 2009; *Quellmalz*, Die Justiziabilität des Art. 81 Abs. 3 EG und die nichtwettbewerblichen Ziele des EG-Vertrages, WRP 2004, 461 ff.

4 In diese Richtung deuten die Aussagen in EuGH 21.09.1999 Rs. C-67/96, Slg. 1999, I-5751 Rdnrn. 59 ff. "*Albany*"(bezüglich des sozialpolitischen Ziels von Vereinbarungen zwischen Sozialpartnern); EuGH 19.02.2002 Rs. C-309/99, Slg. 2002, I-1577 Rdnr. 97 ff. "*Wouters*" (im Hinblick auf die Sicherung des Standesrechts der Rechtsanwälte); EuGH 18.07.2006 Rs. C-519/04 P, Slg. 2006, I-6991 Rdnrn. 42 ff. "*Meca-Medina und Majcen / Kommission*" (Gewährleistung eines fairen Ablaufs von Sportwettkämpfen).

5 Der Begriff der Immanenztheorie entstammt dem deutschen Kartellrecht, vgl. *Zimmer* in: Immenga/Mestmäcker, Wettbewerbsrecht, Band 2. GWB, 5. Aufl., München 2014, § 1 GWB Rdnr. 148 ff.; im europäischen Kartellrecht findet sich ein paralleler Gedanke im Konzept der notwendigen Nebenabreden, dazu *EU-Kommission*, Leitlinien zur Anwendung von Artikel 81 Absatz 3 EG-Vertrag, ABl. 2004 Nr. C 101/08, Rdnrn. 28 ff.; siehe exemplarisch die Entscheidungen EuGH 11.07.1985 Rs. 42/84, Slg. 1985, 2545 Rdnr. 17 ff. „*Remia*" (zu einem Wettbewerbsverbot); EuG 18.09.2001 Rs. T-112/99, Slg. 2001, II-2459 Rdnr. 104 „*M6 u. a./Kommission*" (zum Begriff der Nebenabrede); *EU-Kommission*, Entscheidung vom 15. Dezember 1994, Sache Nr. IV/34.768, ABl. v. 31.12.1994 Nr. L 354/75, Rdnrn. 61 f. „*International Private Satellite Partners*".

6 Dazu *Roth/Ackermann* in: FK Kartellrecht, Lfg. 68 Mai 2009, Köln, Grundfragen Art. 81 Abs. 1 EG Rdnrn. 326, 340; *Säcker/Molle* in: Münchener Kommentar zum Europäischen und Deutschen Wettbewerbsrecht (Kartellrecht), Band 1 Europäisches Wettbewerbsrecht, München 2007, Art 81 EG Rdnr. 495 („*Ausdruck einer europäischen rule of reason*"); vgl. auch EuGH 30.6.1966 Rs. 56/65, Slg. 1966, 281, 304 „*Société Technique Minière (LTM)/Maschinenbau Ulm (MBU)*"; parallele Überlegungen werden im deutschen Recht auch unter dem Begriff des „Arbeitsgemeinschaftsgedankens" diskutiert, dazu *Zimmer* in: Immenga/Mestmäcker (Fn. 5), § 1 GWB Rdnr. 157 f.; zum europäischen Recht auch *Emmerich* in: Immenga/Mestmäcker, Wettbewerbsrecht, Band 1. EU/Teil 1, München 2012, Art. 101 Abs. 1 AEUV Rdnr. 123.

7 Dazu *Ackermann*, Art. 81 Abs. 1 EGV und die rule of reason, Köln u. a. 1997; *Emmerich* in: Immenga/Mestmäcker (Fn. 6), Art.101 Abs. 1 AEUV Rdnrn. 134 f.; *Roth/Ackermann* in: FK Kartellrecht (Fn. 6), Rdnrn. 351 ff.

8 Vgl. EuG 18.09.2001 Rs. T-112/99, Slg. 2001, II-2459 Rdnr. 72 ff., 107 „*M6 u. a./Kommission*"; EuG 23.10.2003 Rs. T-65/98, Slg. 2003, II-4653 Rdnrn. 106 f. „*Van den Berg Foods / Kommission*"; EuG 02.05.2006 Rs. T-328/03, Slg. 2006, II-1234 Rdnr. 69 „*O2*"; zurückhaltend noch EuGH 08.07.1999 Rs. C-235/92 P, Slg. 1999, I-4539 Rdnr. 133 "*Montecatini / Kommission*"; vgl. auch bereits EuGH 28.01.1986 Rs. 161/84, Slg. 1986, 353 Rdnr. 24 „*Pronuptia*"; EuG 15.07.1994 Rs. T-17/93, Slg. 1994, II-595 Rdnr. 48 „*Matra Hachette / Kommission*"; EuG 15.09.1998 verb. Rs. T-374/94, T-375/94, T-384/94 und T-388/94, Slg. 1998, II-3141 Rdnr. 136 "*European Night Services u. a. / Kommission*".

9 Für eine Berücksichtigung nichtwettbewerblicher Aspekte innerhalb der Prüfung des Art. 101 Abs. 1 AEUV aber *Roth* (Fn. 3), S. 411 ff., insb. S. 424, 432 ff.; 435 („*sozial- und gemeinwohlorientierte rule of reason*"); *Kokott/Dittert*, (Fn. 3), nehmen die Möglichkeit tatbestandsimmanenter Ausnahmen dort an, wo eine Anwendung von Art. 101 Abs. 3 AEUV keine gebührende Berücksichtigung außerwettbewerblicher Belange ermöglicht; für einem Tatbestandsausschluss bei „*Beschränkungen des Wettbewerbs [...], die unerlässlich sind, um die von ihnen verfolgten legitimen Ziele zu erreichen*" *GA Cosmas*, Schlussanträge vom 18.05.1999 zu EuGH verb. Rs. C-51/96 und C-

Näher scheint es zu liegen, andere als wettbewerbliche Gesichtspunkte den Tatbestandsmerkmalen der Freistellungsvorschrift, also des Absatzes 3 des Artikel 101 zuzuordnen und damit der Freistellung zuzuführen:[10] Man könnte etwa daran denken, Vorteile beim Umweltschutz dem Merkmal der Förderung des technischen oder wirtschaftlichen Fortschritts zu subsumieren.[11] Ein durch Sicherheitsstandards erzielter Vorteil beim Gesundheitsschutz könnte dem Merkmal der verbesserten Warenerzeugung zugeordnet werden.[12] Aber wie ist beispielsweise mit dem Anliegen der Sicherung von Arbeitsplätzen[13] oder der wirtschaftlichen Förderung strukturschwacher Regionen umzugehen?

Wenn nicht jede Politik unter Absatz 3 passt, bleibt – möglicherweise – ein dritter Umgang mit dem Problem: Eine Abwägung konkurrierender Politiken nicht innerhalb des einen oder anderen Absatzes des Artikel 101 AEUV, sondern aufgrund des Gesichtspunktes der *gegenseitigen Begrenzung* verschiedener Politiken des AEUV. Sog. Querschnittsklauseln im AEUV bestimmen, dass der Gesundheitsschutz (Art. 168 AEUV), die Industrie-(Art. 173 AEUV), Beschäftigungs- und Umweltpolitik (Art. 11, 191 AEUV) auch bei der Durchsetzung *anderer* Politiken zu berücksichtigen sind. So könnte man argumentieren, dass auf *diese* Politiken auch bei der Anwendung der *Wettbewerbsregeln* des Vertrages Rücksicht zu nehmen ist – etwa in dem Sinne, dass die Rechtsanwendung zu einer Art praktischer Konkordanz dieser verschiedenen Politiken gelangen müsse.[14]

Dieses Thema des ersten Panels wird im Folgenden von drei hochrangigen Experten aus Wissenschaft und Justiz behandelt, die aufgrund ihrer vielfältigen beruflichen Erfahrungen jeweils eine eigene Sicht auf den Gegenstand einbringen können: Dr. Wolfgang Kirchhoff war Brüsseler Partner einer internationalen Großkanzlei, bevor er als Richter an den Bundesgerichtshof berufen wurde, wo er heute die deutsche Kartellrechtsprechung mitprägt. Professorin Dr. Juliane Kokott hatte bereits Professuren an den Universitäten Augsburg, Heidelberg, Düsseldorf und Sankt Gallen inne, bevor sie zur Generalanwältin am Europäischen Gerichtshof berufen wurde, wo sie mit ihren Schlussanträgen an so wichtigen Verfahren wie British Airways, Schenker und Kone mitgewirkt hat. Auch die dritte Referentin des ersten Panels hat eine internationale Laufbahn vorzuweisen: Professorin Heike Schweitzer war Lehrstuhlinhaberin am Europäischen Hochschulinstitut in Florenz, bevor sie Rufe nach Mannheim und Berlin (Freie Universität) annahm.

191/97, Slg. 2000, I-2553 „*Deliège*".

10 In diesem Sinne *EU-Kommission*, Leitlinien zur Anwendung von Artikel 81 Absatz 3 EG-Vertrag, 2004/C 101/08, Rdnr. 42 sowie *EU-Kommission*, Weißbuch über die Modernisierung der Vorschriften zur Anwendung der Art. 85 und 86 EG-Vertrag, ABl. v. 12.05.1999, Nr. C 132/1, Rdnr. 57; einen Überblick über die Kommissionspraxis gibt *Gasse*, Die Bedeutung der Querschnittsklauseln für die Anwendung des Gemeinschaftskartellrechts, Frankfurt am Main u. a. 2000, S. 154 ff.; tendenziell weiter *Meessen* in: Löwenheim/Meessen/Riesenkampff, Kartellrecht, 2. Aufl., München 2009, Art. 81 Abs. 3 EG, Rdnr. 20; mit deutlicher Betonung der Beschränkung auf die in Abs. 3 aufgeführten Aspekte *Mestmäcker/Schweitzer*, Europäisches Wettbewerbsrecht, 3. Aufl., München 2014, § 15 Rdnr. 86.

11 Vgl. *EU-Kommission*, Entscheidung vom 18.05.1994, Sache Nr. IV/33.640, ABl. v. 09.06.1994 Nr. L 144/20 Rdnrn. 67 ff. „*Exxon-Shell*; *EU-Kommission*, Entscheidung vom 17.09.2001, COMP 34493 u. a., Az. K(2001) 2672, ABl. v. 04.12.2001 Nr. L 319/1 Rdnrn. 143 ff. „*DSD u. a.*"; *EU-Kommission*, Entscheidung vom 24.01.1999, Sache Nr. IV.F.1/36.718, Az. K(1999) 5064, ABl. v. 26.07.2000 Nr. L 187/47 Rdnr. 57 „*CECED*".

12 Vgl. auch *EU-Kommission*, Entscheidung vom 13.12.1974, Sache Nr. IV/14.650, ABl. v. 03.02.1975 Nr. L 29/1 Rdnrn. 23 f. „*Bayerische Motoren Werke AG*"; außerdem *EU-Kommission*, Entscheidung vom 06.10.1994, Sache Nr. IV/34.776, ABl. v. 02.12.1994 Nr. L 309/01 Rdnr. 89 „*Pasteur Mérieux-Merck*" („*Verbesserung der Volksgesundheit*").

13 Der EuGH erkennt darin das Potential einer „*Verbesserung der allgemeinen Bedingungen der Warenerzeugung*", EuGH 25.10.1977 Rs. 26/76, Slg. 1977, 1875 Rdnr. 43 „*Metro/Kommission*"; aufgegriffen in EuGH 11.07.1985 Rs. 42/84, Slg. 1985, 2545 Rdnr. 42 „*Remia*".

14 Die Figur der praktischen Konkordanz wird zwar nicht im hier angesprochenen Zusammenhang, mitunter aber allgemein im Hinblick auf konkurrierende Ziele oder Tätigkeiten der Gemeinschaft angesprochen. Siehe z. B. *Mestmäcker/Schweitzer* (Fn. 10), § 4 Rdnr. 135. Wie bereits angesprochen, wird das Konzept auch innerhalb des Art. 101 Abs. 1 AEUV zum Tragen gebracht (so wohl *GA Jakobs*, Schlussanträge vom 21.09.1999 zu EuGH Rs. C-67/96, Slg. 1999, I-5754 Rdnr. 179 „*Albany*", wo jedoch teilweise auch von „Freistellung" die Rede ist). Mitunter wird der Gedanke der Konkordanz in der Freistellungsentscheidung verortet; siehe *Everling* (Fn. 3), S. 1092; *Hoffmann* in: Dauses (Hrsg.), EU-Wirtschaftsrecht, Ergänzungslieferung 35, 2014, München, Band 1, H. I § 1 Art. 101 und 102 AEUV im Überblick, Rdnr. 6.).

Außerwettbewerbliche Aspekte bei Entscheidungen nach Art. 101 AEUV, insbesondere im Licht der Querschnittsklauseln des AEUV

Dr. Wolfgang Kirchhoff
Richter am Bundesgerichtshof

Die Anwendung des Kartellrechts kann zu Zielkonflikten mit außerwettbewerblichen Belangen führen, die als schutzbedürftig anerkannt sind. Für die Lösung dieser Zielkonflikte ist aus Sicht der Gerichte eine klare Rollenverteilung wünschenswert. Die Kartellgerichte sollten Vereinbarungen und abgestimmte Verhaltensweisen von Unternehmen allein nach wettbewerblichen Kriterien beurteilen. Hingegen sollten die Berücksichtigung außerwettbewerblicher Belange und ihre Abwägung mit wettbewerblichen Zielen politischer Entscheidung vorbehalten sein. Für diese Aufgabe kommen grundsätzlich der Gesetzgeber, die Regierung und – die auch mit einem politischen Mandat ausgestattete – Kommission in Frage.

1. Der gesetzliche Rahmen

Bis zur Umsetzung der VO 1/2003 und der 7. GWB-Novelle entsprach die Rechtslage in Deutschland diesem Wunschbild der Gerichte. Die Kommission hatte das Freistellungsmonopol. Der EuGH hatte ihr einen Beurteilungsspielraum zugebilligt.

Sofern es überhaupt möglich war, vom Unionsrecht anerkannte außerwettbewerbliche Aspekte bei der Anwendung des europäischen Kartellrechts zu berücksichtigen, oblag das allein der Kommission bei ihren Freistellungsentscheidungen. Außerdem gab es im GWB bis zum 30. Juni 2005 in § 8 noch die Möglichkeit einer Ministererlaubnis für Kartelle, die aus Gründen der Gesamtwirtschaft oder des Gemeinwohls erteilt werden konnte. Sie hatte allerdings schon seit Jahrzehnten keine praktische Bedeutung mehr.

Inzwischen ist die Ministererlaubnis für Kartelle abgeschafft worden. Es gibt auch keinen Beurteilungsspielraum bei der Anwendung des Art. 101 Abs. 3 AEUV mehr. Er wäre mit der unmittelbaren Anwendbarkeit dieser Norm unvereinbar. Art. 101 AEUV gilt in seiner Gesamtheit einheitlich in allen Mitgliedstaaten. Das Ergebnis seiner Anwendung kann dann nicht auf einer jeweils eigenen wertenden Beurteilung nationaler Kartellbehörden beruhen. Zudem ist eine volle Justiziabilität der kartellbehördlichen Auslegung des Freistellungstatbestands geboten.

Die herkömmlichen Ventile zur Berücksichtigung außerwettbewerblicher Belange bei wettbewerblichen Entscheidungen sind also seit etwa 10 Jahren verschlossen. Es fragt sich, ob damit eine Rollenerweiterung für die Gerichte verbunden war. Sind sie jetzt berechtigt – oder wohl eher: verpflichtet – außerwettbewerbliche Belange bei der Auslegung des Art. 101 AEUV zu beachten?

2. Ansätze für eine Berücksichtigung außerwettbewerblicher Belange im Unionsrecht

Die Gerichte – wie auch die Kartellbehörden – werden solche Belange jedenfalls nur berücksichtigen können, wenn es dafür eine gesetzliche Grundlage gibt. Das folgt schon aus der verfassungsrechtlichen Bindung von Gerichten und Behörden an Gesetz und Recht (Art. 20 Abs. 3 GG). Als gesetzliche Grundlage zur Berücksichtigung außerwettbewerblicher Belange bei der Anwendung von Art. 101 AEUV kommen vor allem die Querschnittsklauseln des AEUV in Betracht.

Als Beispiel sei der Umweltschutz betrachtet. Nach Art. 11 AEUV müssen die Erfordernisse des Umweltschutzes bei der Durchführung der Unionspolitiken einbezogen werden. Art. 191 AEUV nennt als Ziele der Union u. a. die umsichtige und rationelle Verwendung der natürlichen Ressourcen und den Gesundheitsschutz. Zu den Unionspolitiken, bei deren Durchführung diesen Umweltbelangen Rechnung zu tragen ist, zählt auch die Wettbewerbspolitik. Zu deren Durchführung gehört die Anwendung der Wettbewerbsvorschriften, die durch die VO 1/2003 in vollem Umfang den Behörden, aber auch den Gerichten der Mitgliedstaaten übertragen worden ist. Folglich haben die nationalen Gerichte bei der Auslegung des Art. 101 AEUV die umweltpolitischen Ziele der Union einzubeziehen.

Fraglich ist indes, wie das geschehen kann. Als Einfallstor für außerwettbewerbliche Aspekte bei der kartellrechtlichen Beurteilung kommt Art. 101 Abs. 3 AEUV in Frage. Er lässt bei den Freistellungsvoraussetzungen einigen Auslegungsspielraum. In ihren als – nicht bindende – Anleitung auch für die Gerichte der Mitgliedstaaten gedachten Leitlinien zum Freistellungstatbestand hat die Kommission ausgeführt:

„Den mit anderen Bestimmungen des EG-Vertrags angestrebten Zielen kann Rechnung getragen werden, sofern sie den vier Voraussetzungen von Art. 81 Abs. 3 zugeordnet werden können."[1]

Es spricht viel dafür, dass deutsche Kartellgerichte wenig Anlass dazu sehen werden, außerwettbewerbliche Belange weitergehend zu berücksichtigen. Bis zur Grenze des Wortlauts der als unbestimmte Rechtsbegriffe formulierten Freistellungsvoraussetzungen ist es aber grundsätzlich möglich, bei ihrer teleologischen Auslegung außerwettbewerbliche Vertragsziele der Union einzubeziehen.[2]

Beispiele dafür finden sich in der früheren Freistellungspraxis der Kommission.[3] So kann eine erhöhte Energieeffizienz von Waschmaschinen als Verbesserung der Warenerzeugung bewertet werden, auch wenn sie auf einer Vereinbarung von Herstellern beruht, weniger effiziente Modelle vom Markt zu nehmen. Also wenn weder die Wahlmöglichkeiten von Verbrauchern erweitert noch überhaupt neue Produkte auf den Markt gebracht werden.[4]

Eine exklusive Andienungspflicht für Verpackungsabfälle mit einer Dauer von über elf Jahren wurde freigestellt, weil sie der Umsetzung der Ziele staatlicher Verpackungspolitik diente. Darin ist offenbar eine Förderung des wirtschaftlichen Fortschritts erkannt worden.[5]

Derartige Entscheidungen könnten heute auch von den deutschen Kartellgerichten getroffen werden. Es geht hier um die den Gerichten obliegende Auslegung unbestimmter Rechtsbegriffe. Ein Beurteilungsspielraum steht nicht in Rede.

Die Gerichte müssen allerdings beachten, dass die in Querschnittsklauseln des AEUV verankerten außerwettbewerblichen Ziele der Union in unterschiedlichem Maß bei den Freistellungsvoraussetzungen des Art. 101 Abs. 3 AEUV berücksichtigt werden können. Aufgrund ihrer unterschiedlichen Formulierung erfordern sie eine differenzierte Beurteilung. Kritisch zu prüfen ist vor allem, ob die jeweilige Querschnittsklausel ein Anwendungsgebot enthält oder nur politischer Programmsatz ist. Ein deutliches Anwendungsgebot enthält etwa auch Art. 168 AEUV. Danach wird bei der Festlegung und Durchführung aller Unionspolitiken ein hohes Gesundheitsschutzniveau sichergestellt. Werden weniger gesundheitsschädliche Produkte hergestellt, ist das eine Verbesserung der Warenerzeugung.

Allerdings werden die mit den Querschnittsklauseln verfolgten Ziele bei der Anwendung des Kartellrechts durch die mitgliedstaatlichen Gerichte wohl nur insoweit berücksichtigt werden können, als sie mit dem Primärziel des Wettbewerbsschutzes vereinbar sind.[6]

So dürfen die industriepolitischen Ziele des Art. 173 AEUV schon nach dem ausdrücklichen Wortlaut des Abs. 1 dieser Bestimmung nur „entsprechend einem System offener und wettbewerbsorientierter Märkte" verfolgt werden. Soweit Art. 173 AEUV die Förderung eines für die Zusammenarbeit von Unternehmen

1 Kommission, Leitlinien zur Anwendung von Art. 81 Abs. 3 EG-Vertrag, ABl 2004 C 101/97, Rn. 42.
2 Vgl. *Quellmalz*, WRP 2004, 461, 464.
3 Vgl. dazu *Schuhmacher* in Grabitz/Hilf/Nettesheim, Das Recht der Europäischen Union, 52. EL 2014, AEUV Art. 101, Rn. 270; *Quellmalz*, WRP 2004, 461, 465; *W.H. Roth* in Festschrift für Mestmäcker zum 80. Geburtstag, S. 412, 417 ff.
4 Vgl. Entscheidung der Kommission vom 24.01.1999, ABl. 2000 L 187/47 - CECED, Rn. 47 – 57.
5 Entscheidung der Kommission vom 17.09.2001, ABl. 2001 L 319/1 – DSD, Rn. 142 ff.
6 Ähnlich *Immenga/Mestmäcker* in Immenga/Mestmäcker, EU-Wettbewerbsrecht, 5. Aufl. 2012, B. IV. Rdnr. 98.

günstigen Umfelds postuliert, ist das also nicht als Aufruf zur Toleranz gegenüber Kartellbildungen misszuverstehen.[7] Im Rahmen der Freistellungsvoraussetzung der Förderung technischen Fortschritts könnte aber etwa auch der industriepolitische Nutzen von Forschungskooperationen, Standards und auch Patentpools, die Zugang nach FRAND-Grundsätzen gewähren, berücksichtigt werden.

Außerdem gibt es Querschnittsklauseln, auf die bei der Anwendung von Art. 101 AEUV nicht zurückgegriffen werden kann. Dazu gehört Art. 208 AEUV. Er bestimmt, dass die Union bei der Durchführung politischer Maßnahmen, die sich auf die Entwicklungsländer auswirken können, den Zielen der Entwicklungszusammenarbeit Rechnung trägt. Hier sind nur politische Organe angesprochen, nicht Kartellbehörden und Gerichte. Ausfuhrkartelle von Produzenten aus der Dritten Welt werden also nicht aus entwicklungspolitischen Gründen freigestellt werden können, wohl aber – wenn es sich um kleine Erzeuger handelt – u. U. als Kooperation kleiner und mittlerer Unternehmen.

3. Berücksichtigung außerwettbewerblicher Belange schon im Rahmen von Art. 101 AEUV?

Kaum zu erwarten sein dürfte, dass deutsche Gerichte im Hinblick auf außerwettbewerbliche Ziele des AEUV bereits den Tatbestand des Art. 101 Abs. 1 AEUV einschränken werden. Der Wortlaut dieser Norm mit den Tatbestandsmerkmalen Vereinbarung von Unternehmen, Handelsbeeinträchtigung und Wettbewerbsbeschränkung bietet dafür keinen Ansatzpunkt. Eine von Wulf-Henning Roth geforderte sozial- und allgemeinwohlorientierte rule of reason[8] im Sinne einer teleologischen Reduktion von Art. 101 Abs. 1 AEUV könnte allenfalls der EuGH etablieren. Ob sie wünschenswert wäre, mag durchaus skeptisch beurteilt werden. Denkbar ist immerhin, dass der BGH bei einem geeigneten Fall eine entsprechende Vorlagefrage an den EuGH erwägen könnte.

Der geeignete Fall wird indes so schnell wohl nicht kommen. Unter Art. 101 AEUV fallende Sachverhalte, bei denen außerwettbewerbliche Belange in der kartellrechtlichen Entscheidung nicht schon bei Absatz 3 hinreichend berücksichtigt werden konnten, dürften jedenfalls in der bisherigen deutschen Praxis äußerst rar sein.

4. Die Rolle des Gesetzgebers

Offene oder versteckte politische Einflussnahmen, um Gerichte dazu zu bewegen, bei kartellrechtlichen Entscheidungen außerwettbewerblichen Belangen größeres Gewicht zu geben, hat es – soweit bekannt – in Deutschland noch nie gegeben. Sieht die Politik außerwettbewerbliche Belange in kartellrechtlichen Entscheidungen nicht ausreichend beachtet – oder befürchtet sie solche Entscheidungen –, so handelt in Deutschland eher der Gesetzgeber.

Als Beispiele für legislative Reaktionen auf kartellbehördliche Verfahren und kartellgerichtliche Entscheidungen bei Sachverhalten, die nach Art. 101 AEUV oder § 1 GWB zu beurteilen sind, können das Buchpreisbindungsgesetz oder § 30 Abs. 2a GWB genannt werden, der das Presse-Grosso absichern soll. In beiden Fällen waren kulturpolitische Gründe maßgeblich. Es ging um die Erhaltung der Meinungs- und Titelvielfalt sowie der flächendeckenden Versorgung im stationären Handel.

Keinen Kartellfällen, aber auch außerwettbewerblichen Überlegungen geschuldet sind die Herausnahme der – vor allem Wasser- Gebühren aus der Missbrauchsaufsicht des Bundeskartellamts durch § 130 Abs. 1 S. 2 GWB in der 8. GWB-Novelle. Hierher gehört auch die zugleich erfolgte Übertragung der Zuständigkeit für die Überprüfung von Entscheidungen des Bundeskartellamts zu Krankenkassenfusionen auf die Sozialgerichte. Nicht auszuschließen ist ferner, dass die politisch aufgeheizte Rekommunalisierungsdiskussion nach den Urteilen des BGH zur Vergabe von Stromkonzessionen dazu führen könnte, über gesetzgeberische Maß-

7 Vgl. *Immenga*, EuZW 1994, 14, 16.
8 *W. H. Roth*, a. a. O., S. 435.

nahmen nachzudenken, die Konzessionsvergabe an Eigenbetriebe oder –gesellschaften der Kommunen zu erleichtern.

Solche gesetzgeberischen Reaktionen auf Entscheidungen der Kartellgerichte entsprechen der Gewaltenteilung des Grundgesetzes. Sie stellen keine bedenkliche Einflussnahme auf die Arbeit der Gerichte dar. Eine wettbewerbspolitische Beurteilung solcher außerwettbewerblich motivierter Eingriffe in das Kartellrecht steht den Gerichten nicht zu. Doch auch ein Kartellrichter mag seiner persönlichen Hoffnung Ausdruck verleihen dürfen, dass sich solche Eingriffe des Gesetzgebers in Grenzen halten mögen. Dafür dürfte indes schon durch die weitgehende Dominanz des vorrangigen Unionsrechts im Kartellrecht gesorgt sein.

Die Pflicht zur Berücksichtigung außerwettbewerblicher Belange im Rahmen von Art. 101 AEUV und ihre praktische Umsetzung

Prof. Dr. Juliane Kokott, LL.M. (Am. Univ.), S.J.D. (Harvard)
Generalanwältin am Gerichtshof der Europäischen Union

Dr. Daniel Dittert, Licencié en droit (Paris II – Panthéon-Assas)[*]
Rechtsreferent am Gerichtshof der Europäischen Union

1. Einleitung

Außerwettbewerbliche Belange erfreuen sich im Unionsrecht großer Anerkennung. Sie schlagen sich nicht nur, aber vor allem in den sog. Querschnittsklauseln der Europäischen Verträge nieder und decken ein denkbar breites Themenspektrum ab, von der Umwelt (Art. 3 Abs. 3 UAbs. 1 EUV, Art. 11 AEUV) über die Kultur (Art. 3 Abs. 3 UAbs. 4 EUV, Art. 167 Abs. 1 und 4 AEUV) bis hin zu gesundheits-, sozial- und regionalpolitischen Anliegen (Art. 3 Abs. 3 UAbs. 1-3 EUV; Art. 9, 12, 168 Abs. 1 AEUV). Mit jeder Vertragsreform kommen neue Ziele und Aufgaben der Union hinzu, zuletzt beispielsweise in den Bereichen Tierschutz (Art. 13 AEUV), Energie (Art. 194 AEUV), Raumfahrt (Art. 189 AEUV) und Katastrophenschutz (Art. 196 AEUV).

Aber dürfen Unternehmen aus solchen Erwägungen, etwa aus Umweltschutzgründen, aus kulturellen Beweggründen oder gar zum Erhalt von Arbeitsplätzen Vereinbarungen treffen, mit denen sie den Wettbewerb untereinander einschränken, eventuell sogar ausschließen?

Erstaunlicherweise wird über solche Fragen, die ja brandaktuelle Themen betreffen, in der Fachöffentlichkeit bis dato kaum diskutiert.[1] In der Verwaltungspraxis der Europäischen Kommission[2] wie auch in der Rechtsprechung der Unionsgerichte[3] spielen außerwettbewerbliche Belange nur höchst selten eine Rolle, und auch die wissenschaftliche Debatte ging bislang nicht besonders in die Tiefe.[4] Umso erfreulicher ist es, dass die Monopolkommission sich in ihrem Symposium dieses interessanten Themas angenommen hat.

Es ist zweckmäßig, zwei Problembereiche voneinander abschichten: einerseits das „Ob“ und andererseits das „Wie“ der Berücksichtigung außerwettbewerblicher Belange im Rahmen von Art. 101 AEUV.

2. Die Pflicht zur Berücksichtigung außerwettbewerblicher Belange

Die Frage nach dem „Ob“ ist schnell beantwortet: Außerwettbewerbliche Belange – insbesondere solche, die in Querschnittsklauseln der Europäischen Verträge ihren Niederschlag gefunden haben – *müssen* im Unionskartellrecht berücksichtigt werden.

---

* Beide Autoren bringen hier allein ihre persönliche Meinung zum Ausdruck. Den Anstoß zu dieser Veröffentlichung gab ein Vortrag, den die Verfasserin *Kokott* mit Unterstützung des Verfassers *Dittert* beim Internationalen Symposium anlässlich des 40-jährigen Bestehens der Monopolkommission am 11. September 2014 in Bonn gehalten hat.

1 Ein Überblick findet sich z. B. bei *Ellger*, in: Immenga/Mestmäcker (Hrsg.), Wettbewerbsrecht, Bd. 1. EU/Teil 1, 5. Aufl. 2012, Art. 101 Abs. 3 AEUV Rn. 311 ff.

2 Aus der Kommissionspraxis werden insbesondere folgende beiden Fälle immer wieder erwähnt: Entscheidung 93/49/EWG v. 23.12.1992, IV/33.814 – *Ford/Volkswagen*; Entscheidung 2000/475/EG v. 24.1.1999, IV.F.1/36.718 – *CECED*; weitere Nachweise bei *Ellger*, in: Immenga/Mestmäcker (Hrsg.), Wettbewerbsrecht, Bd. 1. EU/Teil 1, 5. Aufl. 2012, Art. 101 Abs. 3 AEUV Rn. 311 ff., und bei *W.-H. Roth*, FS Mestmäcker (2006), S. 413(417 f.).

3 Vgl. insbesondere EuGH, Urt. v. 19.2.2002, C-309/99 – *Wouters*; EuGH, Urt. v. 18.7.2006, C-519/04 P – *Meca-Medina und Majcen/Kommission*; EuG, Urt. v. 12.4.2013, T-451/08 – *STIM/Kommission* (rechtskräftig).

4 Zu den seltenen ausführlicheren Abhandlungen in der Fachliteratur vgl. etwa *G. Monti*, CMLRev. 39 (2002), 1057-1099; *J. Koch*, ZHR 169 (2005), 625-647; *W.-H. Roth*, FS Mestmäcker (2006), S. 413-435; *A. Lippert*, DVBl. 2008, 492-499; *S. Kingston*, ELJ 16 (2010), 780-805; *F. Kieran*, European Public Law 19 (2013), 189-208; *B. Wardhaugh*, European Competition Journal 10 (2014) S. 311-340; *A. Maziarz*, European Competition Journal 10 (2014), S. 341-359.

Das ist nicht erst seit dem Verschwinden der „Wettbewerbsklausel" in Art. 3 Abs. 1 Buchst. g) EGV der Fall.[5] Es war auch vorher nicht anders, wie schon der Wortlaut der diversen Querschnittsklauseln zeigt. Um nur zwei Beispiele zu nennen: „Die Erfordernisse des Umweltschutzes *müssen* bei der Festlegung und Durchführung der Unionspolitiken und –maßnahmen … *einbezogen werden*" (Art. 11 AEUV), und „die Union *trägt* bei ihrer Tätigkeit aufgrund anderer Bestimmungen der Verträge kulturellen Aspekten *Rechnung* …" (Art. 167 Abs. 4 AEUV; vgl. ferner Art. 3 Abs. 3 EUV).[6] Auch in der Rechtsprechung der Unionsgerichte ist dies längst anerkannt. So hat beispielsweise das Gericht der Europäischen Union erst letztes Jahr klargestellt, dass die Kommission in Kartellverfahren kulturellen Aspekten sowohl im ersten als auch im dritten Absatz von Art. 101 AEUV gebührend Rechnung zu tragen hat.[7]

Durch die Kohärenzklausel (Art. 7 AEUV), die mit dem Vertrag von Lissabon ausdrücklich Eingang ins Primärrecht gefunden hat, kommt die Pflicht zur Berücksichtigung außerwettbewerblicher Belange in Wettbewerbsverfahren noch deutlicher zum Ausdruck.

Gleichwohl scheint in Wettbewerbskreisen noch immer das Dogma vorzuherrschen, in Kartellverfahren seien ausschließlich Wettbewerbsgesichtspunkte und Effizienzkriterien berücksichtigungsfähig.[8] Man könnte auch sagen, es wird dort ein „*purely economic approach*" verfolgt. Letztlich führt es aber nicht weiter, sich in diesem Punkt abschotten zu wollen, denn das Wettbewerbsrecht ist keine Insel.

Die Auseinandersetzung mit außerwettbewerblichen Belangen im Kartellrecht ist heute vordringlicher denn je. Bekanntlich halten Marktmechanismen inzwischen auch in Bereichen Einzug, in denen dies früher undenkbar gewesen wäre. So werden etwa umweltpolitische Ziele heute bisweilen mit Marktmethoden verfolgt (namentlich beim Emissionshandel). Im Gegenzug müssen auch die Rechtsanwender im Kartellrecht ihre Sensibilität für die Besonderheiten solcher ehemals wettbewerbsferner Bereiche schärfen. Dies ist übrigens eine Herausforderung, der sich die Praktiker in anderen Bereichen des Unionsrechts – etwa im Vergaberecht – schon längst gestellt haben.[9]

Häufig wird gegen die Berücksichtigung außerwettbewerblicher Belange eingewandt, man würde damit die Büchse der Pandora öffnen, das Wettbewerbsrecht würde bis zur Beliebigkeit verwässert, es entstünde große Rechtsunsicherheit, und die Rechtsanwender – insbesondere nationale Behörden und Gerichte, aber auch die betroffenen Unternehmen – würden überfordert.[10]

Überzeugend sind diese Einwände indes nicht. Im Bereich der Grundfreiheiten besteht seit dem Urteil *Cassis de Dijon* (1979)[11] eine jahrzehntelange Erfahrung mit der Berücksichtigung außerwettbewerblicher Belange (dort heißen sie „zwingende Gründe des Allgemeininteresses"), ohne dass dadurch der Binnenmarkt

---

5 Das Verschwinden von Art. 3 Abs. 1 Buchst. g) EGV mit dem Vertrag von Lissabon hat nach gefestigter Rechtsprechung keine substanziellen Veränderungen für das Wettbewerbsrecht der EU und die Bedeutung eines Systems unverfälschten Wettbewerbs innerhalb des Binnenmarkts nach sich gezogen; vgl. EuGH, Urt. v. 17.2.2011, C-52/09 – *TeliaSonera*, Rn. 20-22; EuGH, Urt. v. 17.11.2011, C-496/09 – *Kommission/Italien*, Rn. 60.

6 Hervorhebungen nur hier.

7 EuG, Urt. v. 12.4.2013, T-451/08 – *STIM/Kommission*, Rn. 73, 85, 87 und 103 (rechtskräftig).

8 Vgl., statt vieler, *J. Koch*, ZHR 169 (2005), 625 (640 ff.). Im selben Sinne betont etwa die Kommission, dass Art. 101 Abs. 3 AEUV den Rahmen für eine wirtschaftliche und nicht für eine politische Analyse von Unternehmensvereinbarungen darstellt; vgl. Weißbuch der Kommission über die Modernisierung der Vorschriften zur Anwendung der Art. 85 und 86 EG-Vertrag, KOM(1999) 101 endg., Rn. 57 a.E.

9 Zur Berücksichtigung „vergaberechtsfremder Kriterien" im europäischen Recht der öffentlichen Aufträge vgl. grundlegend EuGH, Urt. v. 20.9.1988, 31/87 – *Beentjes* (soziale Kriterien); EuGH, Urt. v. 17.9.2002, C-513/99 – *Concordia Bus Finland* (umweltpolitische Gesichtspunkte). Inzwischen sind solche Kriterien auch im einschlägigen Sekundärrecht anerkannt.

10 Vgl. zum Ganzen *Ellger*, in: Immenga/Mestmäcker (Hrsg.), Wettbewerbsrecht, Bd. 1. EU/Teil 1, 5. Aufl. 2012, Art. 101 Abs. 3 AEUV Rn. 321; *Mestmäcker/Schweitzer*, Europäisches Wettbewerbsrecht, 2. Aufl. 2004, Rn. 77; *J. H. Quellmalz*, WRP 2004, 461 (466 f.); *J. Koch*, ZHR 169 (2005), 625 (636); nuancierter *F. Kieran*, European Public Law 19 (2013), 189 ff.

11 EuGH, Urt. v. 20.2.1979, 120/78 – *Rewe-Zentral*, insbesondere Rn. 8 („*Cassis de Dijon*").

Schaden genommen oder die Rechtsanwender und die Rechtsunterworfenen in irgendeiner Weise überfordert worden wären. Auch die Gewaltenteilung hat nicht gelitten.

Selbstverständlich dürfen bestimmte Gefahren, die mit der Berücksichtigung außerwettbewerblicher Belange einher gehen, nicht heruntergespielt oder unterschätzt werden. Es muss vielmehr sichergestellt werden, dass das Wettbewerbsrecht auch weiterhin seiner zentralen Funktion für den Europäischen Binnenmarkt gerecht werden kann und nicht durch außerwettbewerbliche Belange ausgehöhlt wird.

Dies führt zur Frage nach dem „Wie", also nach der bestmöglichen Vorgehensweise, um außerwettbewerbliche Belange in der Praxis bei der wettbewerblichen Analyse von Kartellfällen möglichst schonend einzubeziehen.

3. Die Vorgehensweise bei der Berücksichtigung außerwettbewerblicher Belange

Zunächst sollte dem Vorurteil begegnet werden, dass die ökonomischen Wertungen, die klassischerweise der Wettbewerbsanalyse nach Art. 101 AEUV (aber auch nach Art. 102 AEUV) zugrunde liegen, durch die Berücksichtigung außerwettbewerbliche Belange Schaden nehmen oder gar in ihr Gegenteil verkehrt würden. Das Gegenteil trifft zu. Denn nur in den seltensten Fällen wird es zur Verwirklichung außerwettbewerblicher Ziele tatsächlich notwendig sein, wirksamen Wettbewerb zwischen Unternehmen signifikant zu beeinträchtigen oder gar auszuschalten. Im Normalfall dürfte wirksamer Wettbewerb für die Erreichung außerwettbewerblicher Ziele sogar förderlich sein.

Auch sind die Querschnittsklauseln allesamt hinreichend offen und weich formuliert, um eine systemkonforme Berücksichtigung außerwettbewerblicher Ziele im Rahmen von Kartellverfahren zu ermöglichen: So müssen die Erfordernisse des Umweltschutzes „einbezogen werden" (Art. 11 AEUV); sozialen und kulturellen Aspekten ist „Rechnung zu tragen" (Art. 9 AEUV, 167 Abs. 4 AEUV); und zur Industriepolitik wird sogar ausdrücklich klargestellt, dass diese nicht als Vorwand für Wettbewerbsverzerrungen dienen kann (Art. 173 Abs. 3 UAbs. 2 AEUV). Soweit ersichtlich, beansprucht nur das Landwirtschaftsrecht einen gewissen Vorrang vor den Wettbewerbsregeln des Europäischen Binnenmarktes (Art. 42 AEUV). Ansonsten gilt, dass der primärrechtlich verankerte „Grundsatz einer offenen Marktwirtschaft mit freiem Wettbewerb" (Art. 119, 120 AEUV; Protokoll Nr. 27 zum EUV und zum AEUV – „Protokoll über den Binnenmarkt und den Wettbewerb") im Unionsrecht von so überragender Bedeutung ist, dass es in den allermeisten Fällen keine größeren Schwierigkeiten bereiten dürfte, ihm gegenüber außerwettbewerblichen Belangen zur Durchsetzung zu verhelfen.

Für eine systemkonforme Berücksichtigung außerwettbewerblicher Belange bieten sich im Rahmen von Art. 101 AEUV zwei Wege an.

Der erste und besonders naheliegende Weg ist sicherlich, außerwettbewerbliche Belange im Rahmen der Freistellungskriterien von Art. 101 Abs. 3 AEUV einfließen zu lassen.[12] Dort sind die Tatbestandsmerkmale des „technischen oder wirtschaftlichen Fortschritts", der „Warenerzeugung und -verteilung" sowie der „Beteiligung der Verbraucher" hinreichend flexibel, um etwa Erwägungen im Zusammenhang mit dem Umweltschutz und der Nachhaltigkeit des Wirtschaftens aufzunehmen. Wettbewerbsbeschränkungen, die dem Umweltschutz dienen, können also nach Art. 101 Abs. 3 AEUV gerechtfertigt sein.

Allerdings haben die Rechtfertigungsmöglichkeiten nach Art. 101 Abs. 3 AEUV auch ihre Grenzen. Nicht alle außerwettbewerblichen Belange lassen sich unter dem Blickwinkel des technischen oder wirtschaftlichen Fortschritts erfassen, und nicht alle diese Belange gehen mit hinreichend konkreten Vorteilen für die

12 Vgl. grundlegend EuGH, Urt. v. 25.10.1977, 26/76 – *Metro/Kommission*, Rn. 43 („Erhaltung von Arbeitsplätzen" als Beitrag zur „Verbesserung der allgemeinen Bedingungen der Warenerzeugung, gerade unter den Voraussetzungen einer ungünstigen Wirtschaftskonjunktur"); EuG, Urt. v. 11.7.1996, T-528/93 u. a. – *Métropole télévision u. a./Kommission*, Rn. 118.

Verbraucher der betroffenen Waren und Dienstleistungen einher. Bloße Vorteile für die Allgemeinheit lassen sich nach ganz herrschender Meinung nicht in Art. 101 Abs. 3 AEUV verankern. Schon die Berücksichtigung kulturpolitischer Ziele, aber erst recht Aspekte der Beschäftigungs- und Sozialpolitik, wird man deshalb nur schwerlich auf diese Freistellungsklausel stützen können.

Allerdings existiert bekanntlich noch ein zweiter Weg, außerwettbewerbliche Belange in ein Kartellverfahren einfließen zu lassen: Spätestens seit dem *Wouters*-Urteil[13] ist klar, dass die Unionsgerichte im Rahmen des *ersten Absatzes* von Art. 101 AEUV bereit sind, tatbestandsimmanente Ausnahmen vom Kartellverbot anzuerkennen. Neben den Erfordernissen der Rechtspflege (im Fall *Wouters*) hat der Gerichtshof inzwischen auch die spezifischen Bedürfnisse des Sports (im Fall *Meca-Medina*[14]) und jüngst sogar die Sicherheit im Straßenverkehr (im Fall *API*[15]) auf diesem Wege bei der wettbewerblichen Beurteilung von Unternehmensvereinbarungen berücksichtigt. Die Kommission hat für ihren Teil u. a. kulturelle Erwägungen ins Feld geführt, um zu erklären, warum sie ihr höchst kontroverses Kartellverfahren zur deutschen Buchpreisbindung 2002 unter Auflagen[16] eingestellt hat. Letztlich wird hier die gleiche Technik angewandt, wie sie sich auch in der Rechtsprechung *Cassis de Dijon* im Bereich der Grundfreiheiten seit Langem bewährt hat.

Zugegebenermaßen ist es keine leichte Aufgabe, sinnvoll zwischen den beiden genannten Rechtfertigungsmöglichkeiten abzugrenzen. Sowohl im ersten als auch im dritten Absatz von Art. 101 AEUV können wirtschaftliche, aber auch nichtwirtschaftliche Belange Berücksichtigung finden. Bei manchen außerwettbewerblichen Zielen – insbesondere beim Umweltschutz – wird es möglich sein, sie an beiden Stellen, also sowohl unter dem ersten als auch unter dem dritten Absatz einfließen zu lassen. Dann gebührt der geschriebenen Rechtfertigungsmöglichkeit im dritten Absatz der Vorrang vor der ungeschriebenen im ersten.[17] Nur wenn und soweit ein außerwettbewerblicher Belang mit dem dritten Absatz nicht gebührend berücksichtigt werden kann, sollte *à la Wouters* der Rückgriff auf die tatbestandsimmanenten Ausnahmen im ersten Absatz erlaubt sein.

Gleichviel, nach welcher dieser beiden Methoden außerwettbewerbliche Belange berücksichtigt werden – entscheidend ist, dass dabei die Bedeutung des Unionskartellrechts nicht untergraben wird. In diesem Zusammenhang kommt dem Grundsatz der Verhältnismäßigkeit besondere Bedeutung zu. Bei der Prüfung der Verhältnismäßigkeit liegt der Schlüssel für eine systemkonforme Einbeziehung außerwettbewerblicher Belange in kartellrechtliche Entscheidungen, sei es vor Behörden oder vor Gericht. Dabei handelt es sich um eine Vorgehensweise, mit der alle Juristen in ganz Europa bestens vertraut sind und die auch im Bereich der Grundfreiheiten keineswegs zu Beliebigkeit und Willkür, sondern zu äußerst tragfähigen und rechtlich nachvollziehbaren Ergebnissen führt.

Da eine starke Vermutung besteht, dass effektiver Wettbewerb positive Wirkungen hat, müssen an die Einschränkung des Wettbewerbs aufgrund außerwettbewerblicher Belange strenge Maßstäbe angelegt werden.

Wichtig ist erstens, dass mit der nötigen Aufmerksamkeit geprüft wird, ob eine Unternehmensvereinbarung oder der Beschluss einer Unternehmensvereinigung wirklich ein legitimes außerwettbewerbliches Ziel verfolgt, oder ob dieses Ziel nur vorgeschoben ist. Einen irgendwie gearteten „Beurteilungsspielraum" für die betroffenen Unternehmen kann es in diesem Punkt nicht geben. Auch reicht es nicht aus, dass ein anerkanntes außerwettbewerbliches Ziel *möglicherweise* und nach der rein *subjektiven* Einschätzung der Beteiligten

13 EuGH, Urt. v. 19.2.2002, C-309/99 – *Wouters*, Rn. 97; im selben Sinne bereits zuvor EuGH, Urt. v. 15.12.1994, C-250/92 – *DLG*, Rn. 33 f.; EuGH, Urt. v. 21.9.1999, C-67/96 – *Albany*, Rn. 59 ff. (zur Berücksichtigung der Tarifautonomie und sozialpolitischer Ziele); vgl. außerdem aus jüngerer Zeit EuGH, Urt. v. 18.7.2013, C-136/12 – *Consiglio nazionale dei geologi*, Rn. 53; EuGH, Urt. v. 4.9.2014, C-184/13 u. a. – *API u. a.*, Rn. 46 f.

14 EuGH, Urt. v. 18.7.2006, C-519/04 P – *Meca-Medina und Majcen/Kommission*, Rn. 42 ff.

15 EuGH, Urt. v. 4.9.2014, C-184/13 u. a. – *API u. a.*, Rn. 46 ff., 51 ff.

16 Genauer gesagt handelte es sich um Verpflichtungserklärungen der betroffenen Unternehmen, die die Kommission zur Kenntnis genommen hat (vgl. Pressemitteilung IP/02/461 vom 22.3.2002).

17 Im selben Sinne wird in der Praxis auch im Rahmen der Grundfreiheiten des Binnenmarkts den geschriebenen Rechtfertigungsmöglichkeiten Vorzug vor den ungeschriebenen gegeben.

gefördert wird, vielmehr muss dies bei *objektiver* Betrachtungsweise *offenkundig* der Fall sein, was nur selten zutreffen dürfte.[18] Die Gewährleistung fairer Sportwettkämpfe durch Antidoping-Regeln gehört sicherlich in diese Kategorie[19], möglicherweise auch die kulturellen Anliegen im Zusammenhang mit der Buchpreisbindung.[20]

Zweitens gilt es, sich in jedem Einzelfall sehr genau zu vergewissern, ob die vereinbarte Wettbewerbsbeschränkung zur Erreichung des jeweiligen außerwettbewerblichen Zieles wirklich erforderlich ist.[21] Die Wettbewerbsbeschränkung muss also mit den außerwettbewerblichen Zielen *notwendig zusammenhängen*[22], und sie muss – um es mit den Worten von Art. 101 Abs. 3 AEUV zu sagen – zur Erreichung dieser Ziele *unerlässlich* sein. In diesem strengen Erforderlichkeitstest wird in der Regel die höchste Hürde für außerwettbewerbliche Rechtfertigungen von Wettbewerbsbeschränkungen liegen. Denn nur höchst selten dürfte eine Wettbewerbsbeschränkung oder gar die Ausschaltung wirksamen Wettbewerbs zwischen Unternehmen das mildeste Mittel sein, um einen außerwettbewerblichen Zweck zu erreichen.

Man kann sich zum Beispiel fragen, ob die belgischen Hersteller und Importeure von Waschmaschinen wirklich untereinander vereinbaren mussten, in Zukunft nur noch stromsparende Modelle auf den Markt zu bringen und so die Produktpalette für die Verbraucher letztlich einzuschränken. Die Kommission hat diese Vereinbarung bekanntlich seinerzeit unter Berufung auf den „Umweltnutzen für die Gesellschaft" freigestellt.[23] Aber wäre es nicht ein deutlich milderes und wettbewerbskonformeres Mittel gewesen, wenn sich die Unternehmen untereinander auf ein transparentes System zur Information der Verbraucher über den Stromverbrauch jedes Geräts geeinigt hätten, etwa nach dem heute weithin üblichen „Ampelprinzip"?

Sicherlich mag es für den Umweltschutz noch förderlicher sein, bestimmte Produkte komplett vom Markt zu verbannen. Ein solches Produktverbot kann aber nicht von privaten Unternehmen kurzerhand vereinbart werden, vielmehr ist dafür allein der demokratisch legitimierte Gesetzgeber zuständig.[24]

Unseres Erachtens wäre es überdies völlig inakzeptabel, dass Unternehmen ein „Krisenkartell" damit begründen, bei höheren Preisen könne man mehr Arbeitsplätze in den jeweiligen Betrieben erhalten, vielleicht sogar in einer ganzen Branche. Denn der Frontalangriff auf den freien Wettbewerb, der mit einem solchen Kartell – ob gewollt oder ungewollt – einher geht, stünde derart außer Verhältnis zu all den marktwirtschaftlichen Prinzipien[25], auf denen die Europäische Union gegründet ist, dass man ihm von vornherein die Recht-

18 Zur objektiven Betrachtungsweise vgl. zuletzt EuG, Urt. v. 12.4.2013, T-451/08 – *STIM/Kommission*, Rn. 88 m.w.N.

19 EuGH, Urt. v. 18.7.2006, C-519/04 P – *Meca-Medina und Majcen/Kommission*, Rn. 42 ff.

20 Die Kommission stellte in jenem Verfahren u. a. in Rechnung, dass nationale Systeme der Buchpreisbindung „letztlich darauf abzielen, die kulturelle und sprachliche Vielfalt in Europa zu erhalten" (vgl. Pressemitteilung IP/02/461 vom 22.3.2002). Aus heutiger Sicht finden solche Erwägungen u. a. in Art. 3 Abs. 3 EUV und in Art. 22 GRC Rückhalt.

21 Zur Erforderlichkeitsprüfung tatbestandsimmanenter Ausnahmen von Art. 101 Abs. 1 AEUV vgl. EuGH, Urt. v. 15.12.1994, C-250/92 – *DLG*, Rn. 35, und EuGH, Urt. v. 4.9.2014, C-184/13 u. a. – *API u. a.*, Rn. 48 ff.; im Rahmen von Art. 101 Abs. 3 AEUV ist die Erforderlichkeitsprüfung schon im Wortlaut der primärrechtlichen Bestimmung angelegt.

22 EuGH, Urt. v. 19.2.2002, C-309/99 – *Wouters*, Rn. 97 („notwendig … zusammenhängen"); EuGH, Urt. v. 18.7.2006, C-519/04 P – *Meca-Medina und Majcen/Kommission*, Rn. 42 („notwendig … zusammenhängen"), 44 („hängt … notwendig … zusammen") und 45 („untrennbar verbunden"); EuGH, Urt. v. 18.7.2013, C-136/12 – *Consiglio nazionale dei geologi*, Rn. 54 („auf das begrenzt …, was notwendig ist"); EuGH, Urt. v. 4.9.2014, C-184/13 u. a. – *API u. a.*, Rn. 48 („auf das begrenzt …, was notwendig ist"); EuG, Urt. v. 12.4.2013, T-451/08 – *STIM/Kommission*, Rn. 88 (frz.: „inhérent[e]").

23 Entscheidung 2000/475/EG v. 24.1.1999, IV.F.1/36.718 – *CECED*, insbesondere Rn. 55 ff.

24 Vgl. etwa die auf Unionsebene ausgesprochenen Verbote für FCKW-haltige Kühlmittel und für bestimmte besonders energieintensive Glühlampen, sowie erst jüngst das geplante Verbot bestimmter besonders energieintensiver Staubsauger.

25 Vgl. insbesondere das Ziel einer „in hohem Maße wettbewerbsfähigen sozialen Marktwirtschaft" (Art. 3 Abs. 3 S. 2 EUV) und den Grundsatz einer „offenen Marktwirtschaft mit freiem Wettbewerb" und „effizientem Einsatz der Ressourcen" (Art. 119, 120 AEUV).

fertigung versagen müsste. Spätestens auf der dritten Ebene der Verhältnismäßigkeitsprüfung – bei der Kontrolle der *Angemessenheit* (Verhältnismäßigkeit im engeren Sinne) – lassen sich solche Fälle unschwer in den Griff bekommen.

Überhaupt schiene es uns ausgeschlossen, Preisabsprachen und sonstige „Hardcore-Kartelle" unter Berufung auf irgendwie geartete außerwettbewerbliche Belange zu rechtfertigen.[26] Viel eher kommen außerwettbewerbliche Belange bei der Rechtfertigung von sonstigen Unternehmensvereinbarungen in Betracht. Warum soll es zum Beispiel nicht möglich sein, dass die Ziele der Europäischen Raumfahrtpolitik oder – um ein aktuelleres Beispiel zu wählen – die Erfordernisse der Europäischen Energiepolitik zur Rechtfertigung von wettbewerbsbeschränkenden Vereinbarungen auf dem Gebiet der Forschung und Entwicklung herangezogen werden? Gerade in Fällen, in denen die Voraussetzungen der jeweiligen Gruppenfreistellungsverordnung *nicht* erfüllt sind (beispielsweise wegen Überschreitung der dort geltenden Marktanteilsschwellen[27]), können außerwettbewerbliche Belange mit in die Rechtfertigungsüberlegungen einfließen. In Grenzfällen mögen sie sogar den Ausschlag dafür geben, dass sich die Waagschale auf die eine oder andere Seite senkt.

Selbstverständlich ist allerdings auch, dass die Darlegungs- und Beweislast für jede außerwettbewerbliche Rechtfertigung – nicht zuletzt dafür, dass das jeweils mildeste denkbare Mittel gewählt wurde – bei demjenigen liegen muss, der sich darauf beruft.[28] Das sind im Normalfall die betroffenen Unternehmen.

4. Schlussbemerkung

Man mag sich fragen, ob mit der von von uns skizzierten Methodik zur Berücksichtigung außerwettbewerblicher Belange nicht letztlich eine Art *„rule of reason"* in das Unionskartellrecht eingeführt wird. Es ist jedoch zweifelhaft, ob solche Begrifflichkeiten in der Debatte wirklich weiterführen. Auf jeden Fall steckt die dogmatische Aufarbeitung der Problematik noch in den Kinderschuhen. Die Unionsgerichte können dazu naturgemäß nur einen begrenzten Beitrag leisten, weil sie nur zur Entscheidung von Einzelfällen aufgerufen sind. Anders verhält es sich mit der Europäischen Kommission: Sie könnte mit einer Mitteilung oder mit Leitlinien zur Art und Weise der Berücksichtigung außerwettbewerblicher Belange – vielleicht sogar nach vorheriger öffentlicher Konsultation – einen äußerst sinnvollen Beitrag zur Versachlichung der Debatte und zur Rechtssicherheit leisten. Abgesehen davon bleibt es der Kommission unbenommen, in Grenzfällen hin und wieder von ihrer Befugnis nach Art. 10 der Verordnung (EG) Nr. 1/2003 Gebrauch zu machen, um punktuell klarstellende Entscheidungen zu treffen; auch auf diese Weise könnte sie zum besseren Verständnis des Verhältnisses zwischen Art. 101 AEUV und außerwettbewerblichen Belangen beitragen.

---

26 In diesem Sinne auch EuGH, Urt. v. 4.9.2014, C-184/13 u. a. – *API u. a.*, Rn. 51 ff. (Festsetzung von Mindestpreisen durch eine Unternehmensvereinigung als ungeeignetes Mittel, um die Sicherheit im Straßenverkehr zu erhöhen).

27 Beispielsweise gilt die Gruppenfreistellung nach der Verordnung (EU) Nr. 1217/2010 (ABl.EU 2010, L 335, S. 36) für Vereinbarungen über Forschung und Entwicklung zwischen Wettbewerbern nicht oberhalb eines gemeinsamen Marktanteils von 25 %, ist zeitlich begrenzt und nimmt bestimmte Kernbeschränkungen gänzlich aus (vgl. Art. 4 und 5 der Verordnung).

28 Diese Beweislastverteilung ist Ausdruck einer allgemeinen Regel, die – speziell für Art. 101 Abs. 3 AEUV – auch in Art. 2 der Verordnung (EG) Nr. 1/2003 ihren Niederschlag findet.

Die Bedeutung nicht-wettbewerblicher Aspekte für die Auslegung von Art. 101 AEUV im Lichte der Querschnittsklauseln

Prof. Dr. Heike Schweitzer, LL.M. (Yale)
Geschäftsführende Direktorin des Instituts für deutsches und europäisches Wirtschafts-, Wettbewerbs- und Regulierungsrecht (IWWR) der Freien Universität Berlin

1. Einleitung

Die Verrechtlichung der Wettbewerbspolitik zählt zu den Voraussetzungen und den großen Errungenschaften der europäischen Integration. Die in ihrem Wortlaut seit 1958 unveränderten Wettbewerbsregeln sind als für Unternehmen und im Rahmen des Art. 4 Abs. 3 EUV auch für die Mitgliedstaaten verbindliche Spielregeln zum Schutz eines unverfälschten Wettbewerbs formuliert. Die in den Mitgliedstaaten bis dahin verbreitete Praxis, unternehmerisches Wettbewerbsverhalten nach Maßgabe eines diskretionären „public interest"-Tests zu beurteilen, hat in der EU keine Fortsetzung gefunden. Von Anfang an hat die EU zuvörderst ein herausragendes *öffentliches Interesse am Wettbewerb* anerkannt, anstatt vermeintliche öffentliche Interessen an der Beschränkung des Wettbewerbs in den Mittelpunkt zu stellen. Die Verpflichtung auf ein System unverfälschten Wettbewerbs war und ist die wirtschaftsordnungsrechtliche Grundlage einer Union, die sich zum Grundsatz einer offenen Marktwirtschaft mit freiem Wettbewerb (Art. 119 AEUV) bekennt und in der der Binnenmarkt von Beginn an bis heute einen Kernpfeiler europäischer Integration darstellt.

Die Idee eines öffentlichen Interesses am Wettbewerb oder des unverfälschten Wettbewerbs als Ziel der EU ist in den Mitgliedstaaten auf Widerstand gestoßen. Nicht selten wird ein direkter Gegensatz von öffentlichem Interesse und Wettbewerb angenommen.[1] Nach anderer Ansicht kann Wettbewerb allenfalls ein Mittel zur Realisierung übergeordneter öffentlicher Ziele sein, nie aber Ziel an sich. Derartige Vorstellungen haben im Vertrag von Lissabon zur Eliminierung des Wettbewerbs aus den Zielbestimmungen der Unionsverträge geführt.[2] Eine grundlegende Änderung in der Wirtschaftsverfassung der Union ist hierdurch nicht herbeigeführt worden: Geblieben ist das Ziel der Errichtung eines Binnenmarktes (Art. 3 EUV), das dem Protokoll Nr. 27 über den Binnenmarkt und Wettbewerb zufolge ein „System unverfälschten Wettbewerbs" umfasst.[3] Die Stimmen, die im Binnenmarkt mit unverfälschtem Wettbewerb nicht länger die Grundlage europäischer Integration, sondern eine zu überwindende Phase im Übergang zu einer politischen Union sehen, sind aber nicht verstummt. Eine über verschiedene Vertragsänderungen hinweg stark angewachsene Zahl von Querschnittsklauseln ist in dieser Perspektive ein Instrument, um die Bedeutung von Binnenmarkt und Wettbewerb im Verhältnis zu anderen Politikfeldern zu relativieren.

Wie immer man zu dieser Debatte steht: Wenn es um die Bedeutung nicht-wettbewerblicher Aspekte im Rahmen des Art. 101 AEUV geht, so ist nicht die Frage nach den Befugnissen eines demokratisch legitimierten Gesetzgebers zur Beschränkung des Wettbewerbs im Namen anderweitiger öffentlicher Interessen aufgeworfen. Es geht vielmehr darum, ob und unter welchen Voraussetzungen Unternehmen und Unternehmensverbände befugt sind, öffentliche Interessen eigenmächtig zu konkretisieren und unter Berufung hierauf Ausnahmen vom Kartellverbot geltend zu machen. In Frage steht damit die Legitimation von Unternehmen, dort private Regeln zu setzen, wo der Gesetzgeber auf die Verabschiedung von Gesundheitsstandards, Sicherheits- oder Umweltanforderungen verzichtet hat. Sind die stets auch eigennützig handelnden Unterneh-

1 Für Deutschland siehe z. B. die Bemerkung des früheren Verfassungsrichters *S. Broß*, Daseinsvorsorge – Wettbewerb – Gemeinschaftsrecht, JZ 2003, 874, 876: In allen Bereichen, in denen die Daseinsvorsorge eine Ausprägung des Grundgesetzes in Verbindung mit der Menschenwürde sei, dürfe kein Wettbewerb stattfinden, „weil die Auslieferung vieler Bereiche an einen Wettbewerb das Sozialstaatsprinzip verletzt".

2 Siehe dazu *Behrens, Peter*, Der Wettbewerb im Vertrag von Lissabon, EuZW 2008, 193, 193.

3 Näher: *Nowak, Carsten*, Wettbewerb und soziale Marktwirtschaft in den Regeln des Lissabonner Vertrags, EuR-Beiheft 2011, 21-46. Siehe auch EuGH, Urt. v. 17.2.2011, Rs. C-52/09, Slg. 2011, 527, Rn. 20 f. – *TeliaSonera*.

men ein adäquates Substitut für den demokratisch legitimierten Gesetzgeber und die prozeduralen Anforderungen des Gesetzgebungsverfahrens?

Wer die Frage so formuliert, muss zweifeln. In der EU ist die Berücksichtigung außerwettbewerblicher Aspekte im Rahmen des Art. 101 AEUV für Viele gleichwohl zum Prüfstein der Rückbindung von Märkten an das öffentliche Interesse geworden. Das Kartellverbot bietet zwei Einfallstore: Öffentliche Interessen können schon zu einer teleologischen Reduktion des Anwendungsbereichs des Art. 101 Abs. 1 AEUV führen. Im Schrifttum wird für diesen Weg häufig das Urteil *Wouters* als Beleg angeführt.[4] Oder sie können eine Ausnahme nach Art. 101 Abs. 3 AEUV rechtfertigen. Die Querschnittsklauseln sollen dafür sorgen, dass die dort benannten öffentlichen Interessen bei der Entscheidung über Ausnahmen „mit gleichem Gewicht" zur Geltung gebracht werden.[5]

Die Kommission ist einer weiten Auslegung des Art. 101 Abs. 3 AEUV im Lichte außer-wettbewerblicher Interessen stets entgegengetreten. Die wohlfahrtsbezogene Auslegung des Art. 101 AEUV hat sie allerdings zu einer zunehmend weiten Auslegung des Art. 101 Abs. 1 AEUV veranlasst, die anteilig auch industriepolitischen Interessen Rechnung trägt (s. u., Abschnitt 4.3).

2. Querschnittsklauseln im Unionsrecht

Die Bedeutung der Vertragsziele für die sekundärrechtliche Ausformung, Auslegung und Weiterentwicklung des Unionsrechts ist allgemein anerkannt.[6] Die Ziele der EU sind kontinuierlich ausgeweitet worden. Auf die schwierigen Zielkonflikte, die dadurch entstanden sind, hat Basedow bereits 1995 nachdrücklich hingewiesen und bis heute wichtige Wege zu ihrer rechtlichen Bewältigung vorgeschlagen.[7]

Mit den Vertragszielen und Tätigkeitsfeldern hat sich auch die Zahl der Querschnittsklauseln[8] vervielfältigt. Die ersten beiden Querschnittsklauseln wurden mit der Einheitlichen Europäischen Akte eingeführt und betrafen den Umweltschutz (Art. 130r Abs. 2 S. 3 EWGV; heute Art. 11 AEUV und Art. 37 Grundrechtecharta) sowie kohäsionspolitische Ziele (Art. 130b S. 2 EWGV; heute Art. 175 Abs. 1 S. 2 AEUV). Mit den Verträgen von Maastricht und Amsterdam ist die Zahl der Querschnittsklauseln erheblich angewachsen. Mit dem Maastricht-Vertrag wurde eine kulturpolitische (Art. 128 Abs. 3 EGV; heute Art. 151 S. 2 AEUV), eine gesundheitspolitische (Art. 129 Abs. 1 UAbs. 3 EGV; heute Art. 168 Abs. 1 AEUV; siehe auch Art. 9 AEUV), eine industriepolitische (Art. 130 Abs. 3 UAbs. 1 S. 1 EGV; heute Art. 173 Abs. 3 UAbs. 1 S. 1 AEUV) und eine entwicklungspolitische Querschnittsklausel (Art. 130v EGV; heute Art. 208 Abs. 1 UAbs. 2 S. 2 AEUV) eingeführt. Mit dem Vertrag von Amsterdam wurden die bestehenden Querschnittsklauseln

4 *Roth, Wulf-Henning*, Zur Berücksichtigung nichtwettbewerblicher Ziele im europäischen Kartellrecht – eine Skizze, in: Engel, Christoph/Möschel, Wernhard (Hrsg.), Recht und Spontane Ordnung, Festschrift für Ernst-Joachim Mestmäcker zum 80. Geburtstag, Baden-Baden 2006, S. 411-435; *Breuer, Ludger*, Das EU-Kartellrecht im Kraftfeld der Unionsziele, Baden-Baden 2013, S. 544-556, 595.

5 *Andrée, Christine*, Zielverpflichtende Gemeinwohlklauseln im AEU-Vertrag, Berlin 2014, S. 97-100; *Everling Ulrich*, Querschnittsklauseln im reformierten Europäischen Kartellrecht, in: Baums, Theodor u. a. (Hrsg.), Festschrift für Ulrich Huber zum 70. Geburtstag, Tübingen 2006, S. 1083-1085; Lavrijssen, Saskia, What role for National Competition Authorities in protecting non-competition interests after Lisbon?, E.L. Rev. 2010, 636, 647. Deutlich zurückhaltender: *Monti, Giorgio*, Article 81 EC and Public Policy, C.M.L. Rev. 2002, 1057, 1070.

6 Siehe EuGH, Urt. v. 21.2.1973, Rs. 6/72, Slg. 1973, 215, Rn. 23 ff. –. Aus der Lit.: *Basedow, Jürgen*, Zielkonflikte und Zielhierarchien im Vertrag über die Europäische Gemeinschaft, in: Due, Ole (Hrsg.), Festschrift für Ulrich Everling, Baden-Baden 1995, S. 49; *Roth* (Fn. 4) S. 411, 425 m.w.N. Zur Bedeutung der Querschnittsklauseln bei der Entwicklung einer politischen Union: *Lippert, André*, Abwägungsentscheidungen im Europäischen Wettbewerbsrecht - Neuorientierung durch Verfassungsvertrag und Vertrag von Lissabon?, DVBl 2008, 492, 494.

7 *Basedow* (Fn. 6) S. 49-68.

8 Für einschlägige Literatur zu Querschnittsklauseln siehe *Andrée* (Fn. 5); *Breuer* (Fn. 4); *Everling* (Fn. 5) S. 1073-1094; *Everling, Ulrich*, Zu den Querschnittsklauseln im EWG-Vertrag, in: Rodriguez Iglesias, Carlos Gil u. a. (Hrsg.) Mélanges en hommage à Fernand Schockweiler, Baden-Baden 1999, S. 131-150; *Gasse, Dirk*, Die Bedeutung der Querschnittsklauseln für die Anwendung des Gemeinschaftskartellrechts, Frankfurt a.M. 2000; *Stein, Torsten*, Die Querschnittsklausel zwischen Maastricht und Karlsruhe, in: Due, Ole (Hrsg.), Festschrift für Ulrich Everling, Baden-Baden 1995, S. 1439-1454.

um eine beschäftigungspolitische Querschnittsklausel (Art. 147 Abs. 2 AEUV und Art. 9 AEUV), eine Verbraucherschutz-Querschnittsklausel (Art. 12 AEUV und Art. 38 Grundrechtecharta) und um weitere Querschnittsziele – insbesondere die Gleichstellung (Art. 8 AEUV und Art. 23 Abs. 1 Grundrechtecharta), den Tierschutz (Art. 13 AEUV) und die Daseinsvorsorge (Art. 14 S. 1 AEUV) – ergänzt. Der Vertrag von Lissabon hat mit Art. 9 AEUV die gesundheits- und beschäftigungspolitischen Querschnittsziele um das Ziel eines angemessenen sozialen Schutzes, der Bekämpfung sozialer Ausgrenzung und eines hohen Bildungsniveaus erweitert und den Kampf gegen Diskriminierung als neue Querschnittsaufgabe eingeführt (Art. 10 AEUV).

Die unterschiedlichen Querschnittsklauseln verdeutlichen, dass Zielkonflikte bei der Rechtssetzung und Auslegung nicht durch eine absolute Vorrangregel bewältigt werden können. Stattdessen werden die Unionsorgane und ggfs. auch die Mitgliedstaaten in der Wahrnehmung grundsätzlich aller unionsrechtlichen Befugnisse und Pflichten zur „Berücksichtigung“ oder „Einbeziehung“ einer Vielzahl von Aspekten des öffentlichen Interesses verpflichtet, gelegentlich auch zur „Sicherstellung“ eines hohen Schutzniveaus (so bei der gesundheitspolitischen Querschnittsklausel). Gem. Art. 7 AEUV unterliegt die Union einem sog. „Kohärenzgebot“: Sie „[...] achtet auf die Kohärenz zwischen der Politik und den Maßnahmen in den verschiedenen in diesem Teil genannten Bereichen und trägt dabei unter Einhaltung des Grundsatzes der begrenzten Einzelermächtigung ihren Zielen in ihrer Gesamtheit Rechnung“.

Die Querschnittsklauseln des Unionsrechts sind nach allgemeiner Ansicht keine bloßen Programmsätze. Sie sind vielmehr als rechtsverbindliche Berücksichtigungsgebote ausgestaltet.[9] Die öffentlichen Interessen, die sie zum Gegenstand haben, sind grundsätzlich bei jeder „Festlegung und Durchführung der Unionspolitiken und –maßnahmen“ zu beachten.[10] Dies gilt auch für das Wettbewerbsrecht.[11]

Als Normadressat wird in den Querschnittsklauseln regelmäßig „die Union“ benannt (z. B. Art. 8-10 AEUV). Die Klauseln richten sich mithin an alle Unionsorgane (insbes. Europäisches Parlament, Rat, Europäische Kommission, Gerichtshof).[12] Daneben stehen die hinsichtlich ihres Adressatenkreises offen formulierten Querschnittsklauseln (z. B. Art. 11, 12 AEUV). So heißt es etwa in Art. 11 AEUV: „Die Erfordernisse des Umweltschutzes müssen bei der Festlegung und Durchführung der Unionspolitiken und –maßnahmen ... einbezogen werden“. Ob hier neben den Unionsorganen auch die Mitgliedstaaten Normadressaten sind, insoweit sie Unionsrecht durchführen, ist umstritten.[13] Die Wiederholung zahlreicher Querschnittsklauseln in der Grundrechtecharta (Gleichstellung, Gesundheit, Umwelt, Verbraucherschutz – Art. 23 Abs. 1, Art. 35 S. 2, Art. 37, Art. 38 GRC), die gem. Art. 51 GRC bei der Durchführung von Unionsrecht auch die Mitglied-

9 Siehe z. B. *Roth* (Fn. 4) S. 411, 426; *Lippert* (Fn. 6) 492, 493. Ausführlich zu der Frage, ob die Querschnittsziele trotz unterschiedlicher Formulierungen insgesamt als Berücksichtigungsgebot behandelt werden können, oder ob zwischen Querschnittsklauseln, die eine Berücksichtigung der jeweiligen Ziele gebieten und solchen zu unterscheiden ist, die einen Beitrag zur Erreichung von Querschnittszielen oder ein Hinwirken auf ihre Verwirklichung verlangen, siehe *Breuer* (Fn. 4) S. 180 ff.

10 Siehe Art. 11 AEUV; Art. 147 Abs. 2 AEUV; Art. 168 Abs. 1 UAbs. 1 AEUV; Art. 12 AEUV. Ähnlich: Art. 175 Abs. 1 S. 2 AEUV. Ausführlich dazu: *Breuer* (Fn. 4) S. 156 ff.

11 *Everling* (Fn. 5) S. 1073, 1083; *Breuer* (Fn. 4) S. 157; *Monti* (Fn. 5) 1057, 1093; *Townley, Christopher*, Is anything more Important than Consumer Welfare (in Article 81 EC)? Reflections of a Community Lawyer, 10 Cambridge Yearbook of European Legal Studies, Vol. 10, 2007-2008, 345, 352.

12 In Art. 13 Abs. 1 UAbs. 2 EUV werden außerdem die Europäische Zentralbank und der Rechnungshof genannt. Sie spielen im vorliegenden Zusammenhang als Adressaten keine Rolle.

13 Dafür: *Breuer* (Fn. 4) S. 166 ff. A.A.: *Andrée* (Fn. 5) S. 195 f.: Mitgliedstaaten seien insbes. an die Querschnittsklauseln in Art. 11 AEUV – Umweltschutz; Art. 12 AEUV – Verbraucherschutz; Art. 168 Abs. 1 S. 1 AEUV – Gesundheit; Art. 175 Abs. 1 S. 2 – territorialer Zusammenhalt gebunden; nicht hingegen an die Querschnittsklauseln zur Kultur – Art. 167 Abs. 4 AEUV; und Industriepolitik – Art. 173 Abs. 3 S. 1 AEUV. Aber nationale Behörden und Gerichte müssten insoweit in Rechnung stellen, dass die EU-Kommission und die Unionsgerichte auch an diese Querschnittsklauseln gebunden sind, und werden sie daher ebenfalls in Rechnung stellen (S. 196 f.). Siehe auch *Gasse* (Fn. 8) S. 39, 46, 52, 57: Jedenfalls Querschnittsziele, die nur die Unionsorgane, nicht aber die Mitgliedstaaten als Adressaten nennen, können bei der Auslegung von Art. 101 Abs. 3 AEUV nicht berücksichtigt werden. A.A.: *Breuer* (Fn. 4) S. 175, 177 f.

staaten bindet,[14] ist ein Anhaltspunkt dafür, dass die Mitgliedstaaten als Adressaten der Querschnittsklauseln nicht von vornherein ausscheiden.[15]

In welcher Art und Weise und in welchem Maße Querschnittsklauseln ihre Bedeutung entfalten, hängt von der Art der Tätigkeit der Unionsorgane (und ggfs. der Mitgliedstaaten) ab. Besondere Relevanz haben die Querschnittsklauseln für den Unionsgesetzgeber: Bei gesetzgeberischen Maßnahmen müssen sämtliche in den Querschnittsklauseln genannten Interessen in die Abwägung eingestellt werden.[16] Im Rahmen der Rechtsanwendung können Beurteilungs- oder Ermessensspielräume als Einfallstore für eine breite Palette von Wertungen fungieren.[17] Auch über unbestimmte Rechtsbegriffe können die in Querschnittsklauseln genannten öffentlichen Interessen in die Auslegung von Rechtsnormen ausstrahlen. Insoweit sind die Querschnittsklauseln auch für mitgliedstaatliche Organe maßgeblich, wenn sie mit der Durchführung von Unionsrecht betraut sind.

Fraglich und umstritten ist, ob Raum für die Berücksichtigung bzw. für eine besondere Gewichtung von Querschnittsklauseln bleibt, wo derartige Einfallstore fehlen[18] oder wo diese – wie bei Art. 101 Abs. 3 AEUV – nicht-wettbewerblichen Interessen nur eingegrenztes Gewicht verleihen.[19] Die Frage wird zumeist nicht systematisch behandelt.

Auszuschließen ist die Gleichsetzung von Querschnittsklauseln mit ungeschriebenen Ausnahmetatbeständen. Zwar wird dies gelegentlich vertreten.[20] Würden abschließend und zwingend gefasste Regelungen unter Berufung auf die Querschnittsklauseln regelhaft in die Beliebigkeit einer offenen Abwägung allgemein formulierter öffentlicher Interessen zurückgeführt, so würden fundamentale Grundsätze über das Verhältnis zwischen Gesetzgeber und Rechtsanwender außer Kraft gesetzt. Gefährdet wäre überdies das grundlegende Prinzip der begrenzten Einzelermächtigung der Union (Art. 5 EUV), denn die Schaffung ungeschriebener Ausnahmetatbestände in Ergänzung von Art. 101 Abs. 3 AEUV käme der Ermächtigung von Unternehmen zur Selbstregulierung auch dort gleich, wo Querschnittsklauseln die politische Regelungszuständigkeit den Mitgliedstaaten vorbehalten (siehe z. B. Art. 13 AEUV; Art. 151 S. 2 AEUV).[21]

Als Grundlage der Berücksichtigung der Querschnittsziele unabhängig von in den Normen konkret angelegten Einfallstoren kommt allerdings das Prinzip praktischer Konkordanz in Betracht, das auch im Kohärenzgebot des Art. 7 AEUV angelegt ist. Im deutschen Verfassungsrecht gibt das von Konrad Hesse entwickelte

14 Für eine sehr weite Auslegung des Begriffs der „Durchführung" in Art. 51 GRC siehe EuGH, Urt. v. 26. 2. 2013, Rs. C-617/10 – *Åklagare/Hans Åkerberg Fransson*.

15 Siehe hierzu auch *Breuer* (Fn. 4) S. 176.

16 *Everling* (Fn. 5) S. 1073, 1081. Siehe dazu auch *Breuer* (Fn. 4) S. 183 ff.: Die Interpretation als Verpflichtung, über die fraglichen Belange im Entscheidungsprozess nachzudenken, genüge nicht. Erforderlich sei eine „substantielle Abwägung" (S. 185). Eine relative Vorrangregel lasse sich den Querschnittszielen aber nicht entnehmen.

17 *Everling* (Fn. 5) S. 1073, 1081.

18 So im Rahmen des Art. 101 Abs. 1 AEUV.

19 Bejahend z. B. *Everling* (Fn. 5) S. 1073, 1080, der aus den Querschnittsklauseln das Gebot herleitet, in allen Zusammenhängen, in denen das geschützte Interesse berührt sein kann, einen schonenden Ausgleich herzustellen, und dem geschützten Interesse zur optimalen Wirksamkeit zu verhelfen. Bei Konflikten mit anderen Zielen dürfe keinem Ziel ein automatischer Vorrang eingeräumt werden Siehe auch: *Breuer* (Fn. 4) S. 210: „Somit steht jede im Dritten Teil des AEUV enthaltene Norm, also beispielsweise auch die Wettbewerbsregeln der Art. 101 ff. AEUV, in einem kodifikatorischen Zusammenhang mit der Grundsatznorm des Art. 11 AEUV und muss auch in deren Licht ausgelegt werden. Nur so lässt sich vermeiden, dass eine zu starre Fixierung auf die auszulegenden Normen der einzelnen unionalen Politikbereiche deren Einbettung in die überspannenden Grundsätze des europäischen Primärrechts vernachlässigt." Für eine stets zugrunde zu legende „holistische Perspektive" siehe auch *Hodge, Tom C.*, Compatible or Conflicting: The Promotion of a High Level of Employment and the Consumer Welfare Standard Under Article 101, William & Mary Bus. L. Rev. 2012, 59, 90.

20 In diese Richtung *Townley* (Fn. 11), 345, 369.

21 In diesem Sinne auch: *Odudu, Okeoghene*, The Wider Concerns of Competition Law, Oxford Journal of Legal Studies 2010, 599, 608 f. A.A.: *Townley*, (Fn. 11, Cambridge Yearbook) 345, 378: Das Wettbewerbsrecht sei das beste Instrument, um bestimmte öffentliche Ziele im Unionsrecht zu realisieren – insbes. dort, wo die Union im Übrigen nicht über eine entsprechende Gesetzgebungskompetenz verfüge.

und vom BVerfG übernommene Prinzip praktischer Konkordanz eine Anleitung zur Auflösung von Grundrechtskollisionen. Insbesondere dort, wo verfassungsrechtlich geschützte Rechtsgüter eine Beschränkung vorbehaltlos garantierter Grundrechte nahelegen, soll der so bezeichnete Zielkonflikt im Einzelfall durch eine Zuordnung der Rechtsgüter derart aufgelöst werden, dass alle Rechtsgüter zu optimaler Wirksamkeit kommen.[22] Vergleichbare Konstellationen können sich auch im Unionsrecht ergeben. Auf das Prinzip praktischer Konkordanz lässt sich beispielsweise die Rechtsprechung des EuGH im Urteil *Albany* zurückführen, dem zufolge „eine[...] sachgerechte[...] und zusammenhängende[...] Auslegung der Bestimmungen des Vertrages in ihrer Gesamtheit ergibt [...], daß die im Rahmen von Tarifverhandlungen zwischen den Sozialpartnern im Hinblick auf diese [sozialpolitischen] Ziele geschlossenen Verträge aufgrund ihrer Art und ihres Gegenstands nicht unter Art. 85 Absatz 1 des Vertrages [Art. 101 Abs. 1 AEUV] fallen".[23] Das in Art. 152 AEUV und in Art. 12 Abs. 1 und Art. 28 Grundrechtecharta anerkannte Recht der Sozialpartner auf Tarifautonomie darf nicht durch eine zu weite Anwendung des Kartellverbots ausgehöhlt werden (näher s. u., Abschnitt 4.1).

Das Prinzip praktischer Konkordanz kann in der Auslegung des Art. 101 AEUV aber nur dort zum Tragen kommen, wo die Wettbewerbsregeln in einer nach allgemeinen Auslegungsregeln nicht auflösbaren Weise mit im Unionsrecht absolut geschützten subjektiven Rechtsgütern kollidieren. Insoweit die Querschnittsklauseln reine Förderziele festschreiben, können sie ihren Einfluss nur über die oben beschriebenen Einfallstore entfalten. Jede andere Auslegung wäre mit der Funktion von Rechtsnormen unvereinbar, die in einem konkreten Regelungskontext relevanten Gesichtspunkte abschließend zu regeln und zu strukturieren. Zu berücksichtigen bleibt ferner der seit *Continental Can* anerkannte Grundsatz, dass „Wettbewerbsbeschränkungen, die der Vertrag unter bestimmten Voraussetzungen deshalb zulässt, weil die verschiedenen Vertragsziele miteinander in Einklang gebracht werden müssen", dort eine Grenze finden, wo „die Gefahr besteht, daß eine Abschwächung des Wettbewerbs den Zielsetzungen des Gemeinsamen Marktes zuwiderläuft".[24]

3. Art. 101 Abs. 3 AEUV

Ein Einfallstor für nicht-wettbewerbliche Interessen, einschließlich der in den Querschnittsklauseln normierten öffentlichen Interessen, findet sich zunächst in Art. 101 Abs. 3 AEUV. Nach dieser Vorschrift kann das in Art. 101 Abs. 1 AEUV normierte Verbot wettbewerbsbeschränkender Vereinbarungen für nicht anwendbar erklärt werden, wenn kumulativ vier Voraussetzungen erfüllt sind:

- die wettbewerbsbeschränkende Vereinbarung trägt zur Verbesserung der Warenerzeugung oder –verteilung oder zur Förderung des technischen oder wirtschaftlichen Fortschritts bei;
- Verbraucher werden an dem entstehenden Gewinn angemessen beteiligt;
- die Wettbewerbsbeschränkung ist zur Erzielung des relevanten Vorteils unerlässlich;
- und es werden den Unternehmen keine Möglichkeiten eröffnet, für einen wesentlichen Teil der betreffenden Waren den Wettbewerb auszuschalten.

Primär kommt eine Rechtfertigung von wettbewerbsbeschränkenden Vereinbarungen dort in Betracht, wo diese zu erheblichen Effizienzgewinnen im Rahmen der Produktion, des Vertriebs oder der Innovation führen. Der unbestimmte und wertungsoffene Begriff der „Verbesserung der Warenerzeugung oder –verteilung" bzw. der „Förderung des technischen oder wirtschaftlichen Fortschritts" lässt aber auch Raum für die Berücksichtigung anders gearteter Vorteile (s. u., Abschnitt 3.1).[25] Das Kohärenzgebot des Art. 7

22 Siehe *Hesse, Konrad*, Grundzüge des Verfassungsrechts der Bundesrepublik Deutschland, Neudruck der 20. Auflage, Heidelberg 1999, Rn. 72.

23 EuGH, Urt. v. 21.9.1999, Rs. C-67/96, Slg. 1999, 5863, Rn. 60 – *Albany*.

24 EuGH, Urt. v. 21.2.1973, Rs. 6/72, Slg. 1973, 215, Rn. 24 – *Continental Can*.

25 Siehe auch *Roth* (Fn. 4) S. 411, 418; *Sufrin, Brenda*, The evolution of Article 81(3) of the EC Treaty, The Antitrust Bulletin, Vol. 51, No. 4/Winter 2006, 915, 933; *Monti* (Fn. 5) 1057.

AEUV wie auch der Grundsatz einer systematischen, dem Gesamtkontext der Verträge Rechnung tragenden Auslegung gebieten es, bei der Auslegung dieser Begriffe auch die Querschnittsklauseln heranzuziehen.[26] Die durch die VO 1/03 begründete unmittelbare Anwendbarkeit des Art. 101 Abs. 3 AEUV steht einer solchen systematischen Auslegung nicht entgegen. Während der EuGH der Kommission unter dem alten Freistellungsregime der VO 17 einen Beurteilungsspielraum in der Konkretisierung der öffentlichen Interessen der Europäischen Gemeinschaft zugestand,[27] sind die nach der sog. „Modernisierung" des europäischen Wettbewerbsrechts zur Auslegung und Anwendung des Art. 101 Abs. 3 AEUV berufenen Organe gehalten, rechtliche Anknüpfungspunkte für die Bezeichnung und Gewichtung relevanter Interessen zu suchen. Die Querschnittsklauseln bilden einen geeigneten Anknüpfungspunkt.

Die verbleibenden drei Kriterien in Art. 101 Abs. 3 AEUV binden die Ausnahmen demgegenüber an die Zielsetzung des europäischen Wettbewerbsrechts zurück und bezeichnen diejenigen Grenzen, bei deren Überschreiten eine Abschwächung des Wettbewerbs den grundlegenden Zielen des Binnenmarktes zuwiderläuft.[28] Dies wird besonders deutlich in der Anforderung, dass nur solche Wettbewerbsbeschränkungen zulässig sein können, die zur Erzielung der relevanten Vorteile unerlässlich sind; die Vorteile müssen sich also gerade aus der Wettbewerbsbeschränkung ergeben, und die Wettbewerbsbeschränkung muss zur Erzielung dieser Vorteile erforderlich sein. Dasselbe gilt für das Erfordernis hinreichenden Restwettbewerbs. In der Anforderung, dass Verbraucher an dem aus der Wettbewerbsbeschränkung entstehenden Gewinn angemessen beteiligt werden müssen, spiegelt sich hingegen das zusätzliche Ziel der Wettbewerbsregeln, die Marktgegenseite vor Ausbeutung zu schützen. Hieraus ergeben sich besondere Grenzen für die Berücksichtigung öffentlicher Interessen: Unternehmen können sich zur Rechtfertigung von Wettbewerbsbeschränkungen nur auf solche Interessen berufen, die sich in Vorteile für den einzelnen Verbraucher übersetzen lassen (s. u., Abschnitt 3.2).

3.1 Verbesserung der Warenerzeugung oder –verteilung / Förderung des technischen oder wirtschaftlichen Fortschritts

Die Berücksichtigungsfähigkeit öffentlicher Interessen bei der Auslegung des Begriffs der „Verbesserung der Warenerzeugung oder –verteilung" bzw. der „Förderung des technischen oder wirtschaftlichen Fortschritts" ist in der Rechtsprechung seit langem anerkannt.[29] So heißt es schon in *Metro I*:[30] „Die der Kommission in Artikel 85 Abs. 3 [Art. 101 Abs. 3 AEUV] eingeräumten Zuständigkeiten zeigen, daß die Erfordernisse der Aufrechterhaltung eines wirksamen Wettbewerbs mit der Wahrung andersartiger Ziele in Einklang gebracht werden können".

In *Metro I* wurde zu diesen andersartigen Zielen das Ziel der Aufrechterhaltung des Fachhandels als Vertriebsweg gezählt. Auch wettbewerbsbeschränkende Vereinbarungen, die zu einer regelmäßigen, den wechselnden Bedürfnissen des Marktes angepassten Versorgung mit den betroffenen Erzeugnissen und einem größeren Warenangebot führten, sollten zu der Verbesserung der Bedingungen der Warenerzeugung und –verteilung zählen können – auch insoweit sie in einer ungünstigen Wirtschaftskonjunktur zur Erhaltung von Arbeitsplätzen beitrugen (Rn. 43).[31]

Im Fall *Ford/Volkswagen*[32] hatte die Kommission über die Freistellung eines unter den Verbotstatbestand des Art. 101 Abs. 1 AEUV fallenden Gemeinschaftsunternehmens zwischen Ford und Volkswagen zu entscheiden, das der gemeinsamen Produktion von Großlimousinen im portugiesischen Ort Setubal dienen soll-

26 Ausgangspunkt: "competition rules are to be interpreted in light of the Treaty as a whole" – EuGH, Urt. v. 21.2.1973, Rs. 6/72, Slg. 1973, 215, Rn. 24.
27 EuGH, Urt. v. 11.7.1985, Rs. C-42/84, Slg. 1985, 2545, Rn. 34 – *Remia*.
28 Für diese Formulierung siehe schon EuGH, Urt. v. 21.2.1973, Rs. 6/72, Slg. 1973, 215, Rn. 24 – *Continental Can*.
29 Dazu auch *Roth* (Fn. 4) S. 411, 421 f.; *Lavrijssen* (Fn. 5) 636, 642.
30 EuGH, Urt. v. 25.10.1977, Rs. 26/76, Slg. 1977, 1875, Rn. 21 – *Metro I*.
31 Bestätigt in EuGH, Urt. v. 11.7.1985, Rs. 42/84, Slg. 1985, 2545, Rn. 42 – *Remia*.
32 Kommission, Ent. v. 23.12.1992, ABl. 1993 Nr. L 20/14, Rn. 36 – *Ford/Volkswagen*.

te. Die Vereinbarung sah einige umweltschonende technologische Neuerungen vor. Die Kommission ging deshalb von der Förderung des technischen Fortschritts aus. Bei der Erörterung der Unerlässlichkeit der wettbewerbsbeschränkenden Vereinbarung verwies die Kommission darüber hinaus auf die große Zahl neuer Arbeitsplätze, die durch die Direktinvestition in einer armen Region Portugals entstünden. Mithin entspreche das Vorhaben einem der grundlegenden Ziele des EWG-Vertrags, die harmonische Entwicklung des Wirtschaftslebens innerhalb der Gemeinschaft zu fördern und den Abstand zwischen den einzelnen Regionen zu verringern (Rn. 36). Das zur Überprüfung der Freistellungsentscheidung angerufene EuG bestätigte diese, wies aber darauf hin, dass die kohäsions- und beschäftigungspolitischen Ziele „nur ergänzend berücksichtigt" worden seien.[33]

Soziale und beschäftigungspolitische Gesichtspunkte hat die Kommission auch – wenngleich wiederum nur ergänzend – in ihren Entscheidungen zu Strukturkrisenkartellen berücksichtigt. So heißt es in einer Entscheidung zu einem Strukturkrisenkartell holländischer Ziegelsteinhersteller, mit dessen Hilfe Überkapazitäten geordnet abgebaut werden sollten, die wettbewerbsbeschränkende Vereinbarung verbessere die Rentabilität der niederländischen Ziegelsteinindustrie. Das gemeinsame Vorgehen bei der Schließung von Produktionsstätten ermögliche „überdies annehmbare soziale Bedingungen und verbessert die Weiterbeschäftigungsmöglichkeiten für die betroffenen Arbeitnehmer."[34]

In der Folge der sog. Modernisierung des europäischen Wettbewerbsrechts und auf der Grundlage des seitdem von der DG Comp favorisierten „more economic approach" bemüht sich die Kommission in jüngerer Zeit um eine engere Eingrenzung der im Rahmen des Art. 101 Abs. 3 AEUV berücksichtigungsfähigen Interessen. Die Auslegung der Wettbewerbsregeln soll durchgängig auf das Ziel der Förderung der Konsumentenwohlfahrt bezogen werden. Die mit Wettbewerbsbeschränkungen verbundenen Effizienzverluste sollen nur durch kompensierende Effizienzgewinne ausgeglichen werden können.[35] Nicht-wettbewerbliche Interessen können nach dieser Ansicht im Rahmen des Art. 101 Abs. 3 AEUV nur insoweit berücksichtigt werden, wie sie sich in Effizienzgewinne übersetzen lassen.[36] Die Leitlinien der Kommission zu Art. 81 Abs. 3 EG-V (2004) erkennen zwei Kategorien berücksichtigungsfähiger Effizienzgewinne an: Effizienzgewinne, die Kosteneinsparungen bewirken – etwa infolge der Entwicklung neuer Produktionstechniken und -verfahren, infolge von Synergieeffekten aus der Zusammenlegung bestehender Vermögenswerte (insbes. Skalen- oder Verbundvorteile) oder infolge einer besseren Planung und Kapazitätsauslastung (Leitlinien zu Art. 81 Abs. 3, Rn. 64 ff.); und sog. „qualitative Effizienzgewinne", die einen Mehrwert in Form neuer oder verbesserter Produkte bzw. einer größeren Produktvielfalt erbringen[37] und z. B. aus Forschungs- und Entwicklungsvereinbarungen oder aus Lizenzvereinbarungen folgen sollen, wenn diese eine schnellere Verbreitung neuer Technologien in der Gemeinschaft bewirken (Leitlinien zu Art. 81 Abs. 3, Rn. 69 ff.). Der Begriff der „qualitativen Effizienzgewinne" belässt damit Spielräume für die Einbeziehung insbesondere industriepolitischer Gesichtspunkte, aber auch für gesundheits-, verbraucherschutz- oder umweltpolitische Wertungen. Auch werden mit diesem Effizienzbegriff de facto deutliche Abstriche vom Leitbild einer präzisen Kosten-Nutzen-Rechnung gemacht. Eindeutig nicht erfasst werden soziale, beschäftigungspolitische oder kohäsionspolitische Ziele, die sich nicht in verbesserten Produkten, ihrer schnelleren Verbreitung oder einer größeren

33 EuG, Urt. v. 15.7.1994, Rs. T-17/93, Slg. 1994 II 595, Rn. 107, 139 – *Matra Hachette*. Rn. 139 lautet: „Es ist mit anderen Worten hinreichend nachgewiesen, dass die von der Verwaltungsbehörde ohne Bezugnahme auf diese Umstände erlassene Entscheidung in ihrem verfügenden Teil mit der angefochtenen Entscheidung identisch gewesen wäre. Folglich ist das Vorbringen der Klägerin zurückzuweisen, wonach die für das Vorhaben gewährte Einzelfreistellung im Gegenteil nur wegen der "außergewöhnlichen Umstände" dieses Vorhabens ergangen sei."

34 Kommission, Ent. v. 29.4.1994, ABl. 1994 Nr. L 131/15, Rn. 12 – *Stichting Baksteen*.

35 Siehe auch Kommission, Leitlinien für die Vereinbarungen über horizontale Zusammenarbeit, ABl. 2011 Nr. C 11/01, Rn. 49.

36 Siehe auch *Sufrin* (Fn. 25) 915, 943; *Lavrijssen* (Fn. 5) 636, 643; *Nazzini, Renato*, Article 81 EC between Past and Present: A normative critique of "restriction of competition" in EU law, C.M.L. Rev. 43 (2006), 497, 527.

37 Kommission, Leitlinien zu Art. 81 Abs. 3 EG-Vertrag, ABl. 2004 Nr. C 101/97, Rn. 33 u. 59. Für eine ausschließliche Orientierung am Effizienzziel auch *Odudu* (Fn. 21) 600, unter anderem unter Verweis auf die Rechtssicherheit, die so geschaffen werde (605 ff.).

Produktvielfalt niederschlagen. Dies zeigt sich auch in den informellen Leitlinien, welche die Kommission 2010/2011 im Rahmen eines amicus curiae brief[38] und eines OECD-Berichts[39] für den Umgang mit Strukturkrisenkartellen formuliert hat.[40] Sie zitiert darin weiterhin die älteren Entscheidungen[41] zu Strukturkrisenkartellen,[42] unterlegt diesen aber nachträglich eine sehr viel engere,[43] klar effizienzbezogene Rechtfertigung, in der soziale oder beschäftigungspolitische Ziele keine Rolle mehr spielen.[44]

Ob mit dieser Neuorientierung tatsächlich von tragenden Gründen einer früheren Entscheidungspraxis und Rechtsprechung abgewichen wird – und falls ja, ob die Kommission damit von einem ihr durch die Rechtsprechung zugewiesenen wettbewerbspolitischen Beurteilungsspielraum Gebrauch macht – ist umstritten.[45] Zwar hat der EuGH in *Metro I* und *Remia* die Erhaltung von Arbeitsplätzen als ein im Rahmen des Art. 101 Abs. 3 AEUV relevantes Kriterium erwähnt, jedoch beide Male im Zusammenhang mit dem Ziel, durch be-

38 Kommission, amicus curiae-brief v. 30.3.2010 in 2003 No. 7764P *The Competition Authority v. Beef Industry Development Society Ltd (BIDS) and Barry Brothers (Carrigmore) Meats Ltd.* (Restrukturierungsvereinbarung in der irischen Fleischverarbeitungsindustrie).

39 OECD-Report, Crisis Cartels, 27 Jan. 2011, No. JT03309303.

40 An diese Kriterien haben sich in der gegenwärtigen Krise selbst die Wettbewerbsbehörden in den von der Krise besonders hart betroffenen Mitgliedstaaten – etwa in Irland und Griechenland – gehalten (siehe dazu den OECD-Report, Crisis Cartels, 27. Jan. 2011, No. JT03309303.

41 Bezug genommen wird auf die Entscheidung der Kommission v. 4.7.1984, Case IV/30.810, ABl. 1984 Nr. L 207/17, Rn. 39 – *Synthetic Fibre*; Kommission, Ent. v. 29.4.1994, Case IV/34.456, ABl. 1994 Nr. L 131/15, Rn. 26 – *Stichting Baksteen*; Kommission, Ent. v. 21.12.1994, Case IV/34.252, ABl. 1994 Nr. L 378/37, Rn. 25-26 – *Philips/Osram*.

42 Definiert als industrieweite Kartelle, die in Reaktion auf eine sektorale Krise bzw. zum Abbau von Überkapazitäten geschaffen werden.

43 Siehe für die Gesamteinschätzung der Kommission zur Möglichkeit einer Rechtfertigung von Strukturkrisenkartellen gemäß Art. 101 Abs. 3 AEUV die Stellungnahme Kommission im OECD-Report: „it will be very difficult for parties to succeed with a defence under Article 101(3). There is generally no need for this type of coordinated action between competitors because normally the competitive process alone would remove excess capacity from the market".

44 Krisenkartelle könnten nur unter zwei alternative Bedingungen gerechtfertigt sein: Entweder sie dienten nachweislich der Beseitigung konkret einzugrenzender ineffizienter Überkapazitäten vom Markt, oder sie organisierten den vollständigen Marktaustritt bestimmter Akteure, sodass die verbleibenden Akteure ihre Kapazitäten effizienter nutzen und – etwa durch den Einsatz effizienterer Produktionstechnologien – zu niedrigeren variablen Kosten produzieren könnten, sodass eine Weitergabe der Effizienzen an die Verbraucher zu erwarten sei. Krisenkartelle könnten außerdem nur zum Abbau struktureller Überkapazitäten, nicht zur Reaktion auf konjunkturelle Krisen gerechtfertigt werden - siehe Kommission im OECD-Report 2011, S. 118. In normal funktionierenden Märkten wird Überkapazität bereits durch den normalen Marktmechanismus abgebaut. Jedes Unternehmen muss selbst entscheiden, ob bei sinkendem Absatz und damit i.d.R. sinkenden Preisen die Aufrechterhaltung von Kapazitäten noch lohnt. Die am wenigsten effizienten Unternehmen werden zuerst den Markt verlassen. Für die Unerlässlichkeit eines Krisenkartells muss dargetan werden, dass dieser Marktmechanismus nicht funktioniert. Dies kann dann der Fall sein, wenn es sich um strukturelle Überkapazitäten handelt (nicht konjunkturelle). D. h.: Alle im Markt befindlichen Unternehmen müssen über einen längeren Zeitraum eine erhebliche Reduktion in der Auslastung / im Absatz erlebt haben, und damit verbunden operative Verluste; und eine Lösung dieser Probleme über den Markt darf auf mittlere Sicht nicht zu erwarten sein. Dies ist dann der Fall, wenn aus ökonomischer Sicht ein „war of attrition" (Zermürbungskrieg) droht. Damit wird eine Situation bezeichnet, in der jedes Unternehmen zwar ein Interesse hätte, Überkapazitäten zu reduzieren, kein Unternehmen jedoch als „first mover" auftreten will, weil es attraktiver erscheint, darauf zu warten, dass andere Unternehmen aus dem Markt austreten. Die Kommission beschreibt diese Situation als ein „prisoner's dilemma", das entstehen könne, wenn die Aufgabe von Kapazitäten für jedes Unternehmen sehr verlustträchtig ist, weil die durchschnittlichen Fixkosten pro hergestelltem Gut bei einer fallenden Produktionsmenge steigen, und wenn die Marktstruktur durch große Stabilität, Transparenz und Symmetrie zwischen den Unternehmen gekennzeichnet sei, jedes Unternehmen also mit einer ähnlichen Interessenlage konfrontiert sei. Zu prüfen sei auch in dieser Situation, ob nicht die Reduktion von Überkapazitäten durch Fusionen / strukturelle Konsolidierung des Sektors oder durch Spezialisierungsvereinbarungen naheliegend sei: „specialisation agreements could be a means to reduce the risk of bankruptcies, thereby mitigating the adverse effects of a consolidation process in an industry".

45 Von einer deutlichen Abweichung der Kommission von der Rspr. des EuGH gehen aus: *Witt, Anne C.*, Public policy goals under EU competition law – now is the time to set the house in order, University of Leicester School of Law Research Paper No. 14-09, 2013, 14 ff.; *Hodge* (Fn. 19) 59, 112 ff. Deutlich zurückhaltender: *Breuer* (Fn. 4) S. 320 ff. (besonders 340 f.).

stimmte Vereinbarungen auch bei ungünstigen Wirtschaftslagen eine den wechselnden Bedürfnissen des Marktes angepasste Warenversorgung zu gewährleisten. Umgekehrt hat sich der EuGH die Effizienzterminologie der Kommission auch in jüngeren Urteilen nicht zu Eigen gemacht. So heißt es etwa in *GlaxoSmithKline*, der Beitrag zur Verbesserung der Warenerzeugung oder -verteilung oder zur Förderung des technischen oder wirtschaftlichen Fortschritts könne „nicht schon in jedem Vorteil gesehen werden, der sich aus der Vereinbarung für die Tätigkeit der an ihr beteiligten Unternehmen ergibt, sondern nur in spürbaren objektiven Vorteilen, die geeignet sind, die mit der Vereinbarung verbundenen Nachteile für den Wettbewerb auszugleichen“.[46]

Im Ergebnis müssen die Fragen nach einer möglichen Abweichung zwischen Kommissionsposition und Rechtsprechung sowie nach dem Fortbestand eines Beurteilungsspielraums der Kommission in der Konkretisierung berücksichtigungsfähiger Vorteile nach Inkrafttreten der VO 1/03 an dieser Stelle nicht entschieden werden. Eine Ausnahme nach Art. 101 Abs. 3 AEUV kommt im Ergebnis immer nur dann in Betracht, wenn eine angemessene Beteiligung der Verbraucher am entstehenden Gewinn gewährleistet ist, den Verbrauchern durch die Wettbewerbsbeschränkung mithin jedenfalls keine Nachteile entstehen. Um unter Art. 101 Abs. 3 AEUV zu fallen, müssen wettbewerbsbeschränkende Vereinbarungen daher immer *zumindest auch* erhebliche Vorteile für die von der Wettbewerbsbeschränkung konkret betroffenen Verbrauchergruppen erzeugen.[47] Im Einklang mit der Rechtsprechung der Unionsgerichte reichen daher allgemeine soziale Vorteile zur Rechtfertigung einer Wettbewerbsbeschränkung nie aus (s. u.).

3.2 Angemessene Beteiligung der Verbraucher an dem entstehenden Gewinn

Eine Ausnahme nach Art. 101 Abs. 3 AEUV setzt nicht nur voraus, dass die Wettbewerbsbeschränkung objektive Vorteile erzeugt; die an der Vereinbarung beteiligten Unternehmen müssen außerdem zeigen, dass die Verbraucher an dem entstehenden Gewinn angemessen beteiligt werden. Die „Nettowirkung einer Vereinbarung“, so die Kommission, muss „aus Sicht der von den Vereinbarungen unmittelbar oder wahrscheinlich betroffenen Verbraucher mindestens neutral sein“ (Leitlinien zu Art. 81 Abs. 3, Rn. 85). Grundsätzlich soll die Bilanzierung der mit der Wettbewerbsbeschränkung verbundenen Effizienzverluste und der aus ihr folgenden Effizienzgewinne innerhalb des von der Wettbewerbsbeschränkung betroffenen relevanten Marktes erfolgen. Ausnahmen hiervon will die Kommission nur in Fällen erlauben, in denen zwei Märkte so miteinander verknüpft sind, dass gewährleistet ist, dass im Wesentlichen die gleiche Verbrauchergruppe von den Einschränkungen betroffen ist, die auch von den Effizienzgewinnen profitiert (Leitlinien zu Art. 81 Abs. 3, Rn. 43).

Wird Art. 101 Abs. 3 AEUV in dieser Weise ausgelegt, so können Wettbewerbsbeschränkungen im Ergebnis nur durch objektive Vorteile – etwa durch höhere Sicherheits- bzw. Gesundheitsstandards oder einen niedrigeren Strom- oder Wasserverbrauch eines Produkts – gerechtfertigt werden, die den nachteilig betroffenen Abnehmern unmittelbar zu Gute kommen. Eine Ausnahme vom Kartellverbot kann aber nie auf Gemeinwohlinteressen der Gesellschaft als Ganzes – etwa beschäftigungs-, kohäsions- oder umweltpolitischer Art – gestützt werden.[48]

Diese Ansicht hat die Kommission nicht immer mit derselben Klarheit vertreten. Insbesondere bei wettbewerbsbeschränkenden Umweltvereinbarungen hat die Kommission zeitweise die Möglichkeit einer Rechtfertigung aufgrund von Gemeinwohlbelangen in Betracht gezogen. So sollte eine Vereinbarung zwischen Waschmaschinenherstellern, Maschinen mit geringer Energieeffizienz – und damit zugleich die preisgünstigsten Waschmaschinen – koordiniert vom Markt zu nehmen, nicht nur mit Blick darauf gerechtfertigt werden können, dass sich die höheren Anschaffungskosten für die einzelnen Nutzer infolge geringerer Nut-

46 EuGH, Urt. v. 6.10.2009, Rs. C-501/06 P, C-513/06 P, C-515/06 P und C-519/06 P, Slg. 2009 I 9291, Rn. 92 – *GlaxoSmithKline*.

47 *Sufrin* (Fn. 25) 915, 949.

48 *A.A.: Townley, Christopher*, Which Goals Count in Article 101 TFEU?: Public Policy and Its Discontents, E.C.L.R. 9 (2011), 441, 445.

zungskosten innerhalb angemessener Zeit amortisieren würden. Die „angemessene Beteiligung der Verbraucher am Gewinn" begründete die Kommission vielmehr auch mit dem „Umweltnutzen für die Gesellschaft", der aus der Wettbewerbsbeschränkung folge, und den die Kommission sodann mithilfe einer einfachen Rechnung zu quantifizieren suchte.[49] Die grundsätzliche positive Beurteilung wettbewerbsbeschränkender Umweltschutzvereinbarungen von Unternehmen unabhängig vom individuellen Nutzen der betroffenen Verbraucher spiegelte sich auch in den Horizontalleitlinien von 2001.[50] Die Kommission, so hieß es dort, befürworte Umweltschutzvereinbarungen „als ein Mittel zur Verwirklichung der Ziele von Artikel 2 und Art. 174 EG-Vertrag [Art. 3 Abs. 3 EUV und Art. 191 AEUV] sowie der Umweltschutzaktionspläne der Gemeinschaft", sofern derartige Vereinbarungen mit den Wettbewerbsregeln zu vereinbaren seien (Rn. 192). Umweltschutzvereinbarungen könnten einen wirtschaftlichen Vorteil erbringen, „wenn sie entweder auf Ebene des Einzelnen oder auf Ebene sämtlicher Verbraucher schwerer wiegen als die nachteiligen Auswirkungen im Wettbewerb" (Rn. 193). Gegenüber einer Ausgangslage, bei der keine Maßnahmen ergriffen werden, müssten „aufgrund der Vereinbarung Nettovorteile beim Abbau der Umweltbelastung entstehen". Dabei könne es genügen, wenn „unter realistischen Annahmen mit einem Nettovorteil für die Verbraucher im Allgemeinen" zu rechnen sei (Rn. 194). Unternehmen sollten also auch in solchen Fällen, in denen die mit der Nutzung ihrer Produkte verbundenen Umweltbelastungen nicht in Form höherer Betriebskosten von den konkreten Nutzern, sondern als negative externe Effekte von der Allgemeinheit getragen wurden, zu wettbewerbsbeschränkenden Vereinbarungen ermächtigt sein.

Die mit diesem Ansatz verbundenen Schwierigkeiten sind in der Literatur klar bezeichnet worden. Eine objektivierbare Quantifizierung der mit einer Wettbewerbsbeschränkung verbundenen gesamtgesellschaftlichen Umweltbelastungen wird gerade bei negativen externen Effekten, die keinen Marktpreis haben, kaum möglich sein.[51] Auch die relevante zeitliche Perspektive wird bei gesamtgesellschaftlichen Umweltbelastungen fraglich, geht es bei deren Minimierung doch häufig auch um den Schutz künftiger Generationen. Über das Gewicht, das solchen Belangen im Verhältnis zu einer Wettbewerbsbeschränkung eingeräumt werden soll, kann aber nur in Ausübung politischen Ermessens entschieden werden. Weder nationale Wettbewerbsbehörden und Gerichte noch die Kommission und die Unionsgerichte verfügen über eine spezifische Legitimation für diese Art von Werturteilen.[52] Schon der Wortlaut des Art. 101 Abs. 3 AEUV, der auf Vorteile der „Verbraucher" und nicht auf solche der Allgemeinheit abstellt, legte die von den Gerichten nie bestätigte Berücksichtigung von Gemeinwohlvorteilen zu keinem Zeitpunkt nahe.

49 Kommission, Ent. v. 24.1.1999, ABl. 2000 Nr. L 187/4 Rn. 52 ff. – *CEDEC I*, insbes. Rn. 56: „Vernünftigen Annahmen zufolge scheint der aus der CECED-Vereinbarung resultierende Nutzen für die Gesellschaft die höheren Anschaffungskosten für energieeffiziente Waschmaschinen um mehr als das Siebenfache zu übersteigen. Derartige gesamtgesellschaftliche Ergebnisse für die Umwelt lassen den Verbrauchern eine angemessene Beteiligung am Gewinn zuteil werden, selbst sofern keine Vorteile für die einzelnen Käufer bestehen sollten". *W.-H. Roth* hat in der CECED-Entscheidung einen Schritt zur Öffnung des Art. 101 Abs. 3 AEUV für in dieser Norm nicht genannte Rechtfertigungsgründe gesehen – siehe *Roth* (Fn. 4) S. 411, 419.

50 Leitlinien zur Anwendbarkeit von Art. 81 EG-Vertrag auf Vereinbarungen über horizontale Zusammenarbeit von 2001, ABl. 2001 Nr. C 3/2, Rn. 179 ff.

51 Dazu auch *Breuer* (Fn. 4) S. 600 ff. Zur fehlenden Justiziabilität einer solchen Abwägung auch *Odudu* (Fn. 21) 599, 612, unter Hinweis auf Judge Nicholas Forwood: „it is unrealistic, and unhelpful, to deny that, in such situations, the decision maker is in reality making subjective, non-legal value judgments" (*Forwood*, The Content and Meaning of Article 81(3) EC, 2004, 5 ERA-Forum 27-38, at 33).

52 Der Verweis auf die von Gerichten bei Verstößen gegen Grundfreiheiten vorgenommene Verhältnismäßigkeitsprüfung geht dabei fehl, denn dort müssen die Gerichte primär über die grundsätzliche Legitimität des von staatlichen Akteuren wahrgenommenen Interesses und über die Erforderlichkeit des Eingriffs zur Wahrnehmung des legitimen öffentlichen Interesses entscheiden. Wenn sich auf Grundlage dieser Kriterien keine Entscheidung ergibt, ist das Gewicht des betroffenen Unionsinteresses zum wahrgenommenen nationalen Interesse ins Verhältnis zu setzen. Die im Rahmen des Art. 101 Abs. 3 AEUV zu treffende Entscheidung hat schon deswegen eine andere Struktur, weil Unternehmen nicht in gleicher Weise wie den Mitgliedstaaten eine Befugnis zur Konkretisierung des Gemeinwohls zugesprochen werden kann. Die Gerichte können daher nicht die von Unternehmen zugrunde gelegte Gewichtung übernehmen, sondern müssten sie durch eine eigene substituieren.

Das Inkrafttreten der VO 1/03, welche die Ausnahme des Art. 101 Abs. 3 AEUV für unmittelbar anwendbar erklärt hat, hat dieser Auslegung der Kommission endgültig die Grundlage entzogen. Schon der Vergleich der Kosten einer Wettbewerbsbeschränkung und des aus dieser für die Verbraucher folgenden geldwerten oder qualitativen Nutzens kann die nunmehr zur Selbstveranlagung berufenen Unternehmen vor große praktische Herausforderungen stellen. Immerhin aber geht es um Kosten und Nutzen der unmittelbar betroffenen Marktgegenseite – und damit um eine Art gruppenbezogenen Pareto-Test. Würde dem Schaden der betroffenen Verbraucher der Nutzen der Allgemeinheit gegenübergestellt, so wäre innerhalb des Anwendungsbereichs des Art. 101 Abs. 3 AEUV über Verteilungsfragen zu entscheiden. Das Verhältnis des Nutzens der Allgemeinheit zum Nachteil betroffener Verbraucher lässt sich rechtlich regelmäßig nicht in der für eine unmittelbare Anwendung der Norm erforderlichen Weise objektivieren. Es stehen sich inkommensurable Größen gegenüber. Die zu treffende Abwägungsentscheidung ist genuin politisch und daher einer vorläufigen Selbstveranlagung durch Unternehmen nicht zugänglich.

In den Horizontalleitlinien von 2011 hat die Kommission die naheliegenden Konsequenzen aus dem Systemwechsel gezogen. Die Vereinbarung von Waschmaschinenherstellern, besonders energie-ineffiziente Maschinen vom Markt zu nehmen, wird weiterhin als Beispiel für eine ausnahmefähige wettbewerbsbeschränkende Vereinbarung angeführt (Rn. 329, Beispiel 5). Die Rechtfertigung soll sich nun aber nur noch aus den niedrigeren Betriebskosten für die Käufer ergeben. Dieser Vorteil werde zwar nicht auf demselben relevanten Markt erzielt, auf dem die Wettbewerbsbeschränkung eintritt. Die Einsparungen könnten aber trotzdem berücksichtigt werden, „da die Märkte, auf denen die wettbewerbsbeschränkenden Auswirkungen und die Effizienzgewinne entstehen, miteinander verbunden sind und die Gruppe der Verbraucher, die von den Wettbewerbsbeschränkungen betroffen wären und von den Effizienzgewinnen profitieren würden, im Wesentlichen dieselben sind."

In ihrer Entscheidungspraxis hat sich die Kommission bereits vor Veröffentlichung der neuen Horizontalleitlinien von der Berücksichtigung von Gemeinwohlvorteilen verabschiedet. Während sie zur Begründung der Freistellung von Ausschließlichkeitsbindungen des Dualen Systems Deutschland (DSD) mit regionalen Entsorgern neben den großen Effizienzvorteilen der regionalen Ausschließlichkeitsvereinbarungen und dem Hinweis auf die „Umsetzung der Ziele staatlicher und gemeinschaftlicher Umweltpolitik" noch auf die Vorteile der Verbraucher durch eine Verbesserung der Umweltqualität abhob,[53] fehlt dieser Hinweis in der in vielerlei Hinsicht parallelen Entscheidung zum österreichischen Entsorgungssystem, die ganz auf die Effizienzvorteile und deren Weitergabe an die Nutzer des Systems abstellt.[54]

3.3 Fazit zur Berücksichtigung öffentlicher Ziele im Rahmen des Art. 101 Abs. 3 AEUV

Aus dem Wortlaut des Art. 101 Abs. 3 AEUV und ihrer jüngeren Praxis ergibt sich damit ein klarer Befund, den die Kommission in ihren Leitlinien zu Art. 81 Abs. 3 EG-V zusammengefasst hat:[55]

„Den mit anderen Bestimmungen des EG-Vertrags angestrebten Zielen kann Rechnung getragen werden, sofern sie den vier Voraussetzungen von Art. 81 Abs. 3 [Art. 101 Abs. 3 AEUV] zugeordnet werden können" (Rn. 42).[56]

---

53 Kommission, Ent. v.17.9.2001, COMP/34.493, ABl. 2001 Nr. L 319/1, Rn. 143 ff. – *DSD*.

54 Kommission, Ent. v. 16.10.2003, COMP/D3/35.470, ABl. 2004 Nr. L 75/79 – *ARA/ARGEV/ARO*.

55 Kommission, Entwurf zur Anwendung von Art. 81 Abs. 3 EG-Vertrag, ABl. 2003 Nr. C 243/62.

56 Der im Entwurf der Leitlinien zu Art. 81 Abs. 3 EG-V enthaltene Zusatz, demzufolge es „[…] nicht die Aufgabe von Art. 81 und den mit der Durchsetzung dieser Bestimmung des Vertrags betrauten Behörden [ist], Unternehmen eine Beschränkung des Wettbewerbs zu erlauben, mit denen Ziele von allgemeinem Interesse verfolgt werden", ist entfallen – siehe Kommission (Fn. 55) Rn. 38. Vgl. auch Kommission, Weißbuch über die Modernisierung der Vorschriften zur Anwendung von Art. 85 und Art. 86, ABl. 1999 Nr. C 132/1, Rn. 57 mit der Warnung vor einer „Zweckentfremdung des Artikels 85 Absatz 3, der einen Rechtsrahmen für die wirtschaftliche Beurteilung von Vereinbarungen darstellt, nicht aber den Ausschluss der Wettbewerbsregeln aus politischen Erwägungen ermöglichen soll". Die Kommission hat in den Leitlinien gleichwohl an einer grundsätzlich engen Auslegung des Art. 101 Abs. 3 AEUV festgehalten.

Die Querschnittsziele können insbes. auf die Auslegung des Begriffs der „Verbesserung der Warenerzeugung oder –verteilung“ bzw. der „Förderung des technischen oder wirtschaftlichen Fortschritts“ einwirken. Hierbei, wie auch für die Frage, wie eine „Verbesserung“ im Verhältnis zu den durch die Wettbewerbsbeschränkung entstandenen Nachteilen zu gewichten ist, hat die Kommission wiederholt auf den Querschnittszielen entsprechende Gesetzgebungsakte der Mitgliedstaaten oder der Union Bezug genommen.[57]

Die Berücksichtigungsfähigkeit nicht-wettbewerblicher Vorteile ist aber insbesondere durch die Notwendigkeit einer angemessenen Beteiligung der Verbraucher am Gewinn begrenzt. Danach kommen nur solche Vorteile für die Rechtfertigung einer Wettbewerbsbeschränkung in Betracht, die der durch die Wettbewerbsbeschränkung nachteilig betroffenen Verbrauchergruppe in Form von Qualitätsverbesserungen oder geringeren Verbrauchswerten unmittelbar zu Gute kommen. Die nicht-wettbewerblichen Interessen sind im Rahmen des Art. 101 Abs. 3 AEUV damit keineswegs zur Bedeutungslosigkeit verdammt. Dass eine Kartellvereinbarung von Waschmaschinenherstellern über den Produktions- und Vermarktungsstopp von Maschinen mit hohem Wasser- und Stromverbrauch zu erlauben ist, wenn und weil die höheren Preise für effizientere Maschinen sich über die Lebensdauer der Maschinen wegen der niedrigeren Verbrauchswerte amortisieren (s.o., 2.), ist wettbewerbspolitisch keine Selbstverständlichkeit. Ob und wann sich der höhere Preis amortisiert, hängt vom Nutzungsverhalten jedes einzelnen Verbrauchers und von der Entwicklung der Wasser- und Energiepreise ab. Die Wahlfreiheit der Verbraucher, sich für eine den gesetzlichen Vorgaben entsprechende Waschmaschine zu entscheiden, wird nachhaltig beschränkt. Warum soll es in einem solchen Fall den Unternehmen gestattet sein, eine unterlassene Nachbesserung der gesetzlichen Normen durch eine stets auch eigennützig motivierte und mithin bzgl. des Verbrauchernutzens fehleranfällige Selbstregulierung zu substituieren? Geht man vom Leitbild eines rationalen Verbrauchers aus, so wäre u. U. eine Informationskampagne über die Verbrauchswerte von Waschmaschinen einer Regulierung der Produktionsnormen vorzuziehen. Dass ungeachtet all dieser Bedenken eine Ausnahme nach Art. 101 Abs. 3 AEUV angenommen wird, lässt sich nicht zuletzt auf das dem Umweltschutz im AEUV eingeräumte Gewicht zurückführen. Bestimmte Querschnittsziele – insbesondere solche beschäftigungs- oder kohäsionspolitischer Art, aber eben auch Umweltschutzziele mit reinem Gemeinwohlbezug – sind im Anwendungsbereich des Art. 101 Abs. 3 AEUV rechtlich gleichwohl ohne Bedeutung, da sich ihre Berücksichtigung mit dem in Art. 101 AEUV angelegten Gedanken des Schutzes der Marktgegenseite nicht vereinbaren lässt.[58]

Mit dieser Lesart hat sich das mit Inkrafttreten der VO 1/03 viel diskutierte Problem[59] des vom EuGH unter dem Regime der VO 17 wiederholt hervorgehobenen Beurteilungsspielraums[60] in der Anwendung des Art.

57 Kommission, Ent. v. 17.9.2001, COMP/34.493, ABl. 2001 Nr. L 319/1, Rn. 143 ff. – *DSD*; Kommission, Ent. v. 16.10.2003, COMP/D3/35.470, ABl. 2004 Nr. L 75/79, Rn. 268 f. – *ARA/ARGEV/ARO*.

58 Schwer einzuordnen ist auf dieser Grundlage ein in den Horizontalleitlinien 2011 genanntes Beispiel, dem zufolge eine von der Industrie auf Druck mitgliedstaatlicher Regierungen entwickelte Norm für Produktverpackungen, die Transport- und Verpackungskosten senken und so den Verpackungsabfall reduzieren und zum Umweltschutz beitragen soll, unter die Ausnahme nach Art. 101 Abs. 3 AEUV fallen soll, insoweit die Norm in einem offenen und transparenten Verfahren gemeinsam von nationalen Herstellern und Importeuren vereinbart, zuvor öffentlich zur Diskussion gestellt wurde und allen Marktteilnehmern zugänglich ist (Kommission, Leitlinien für die Vereinbarungen über horizontale Zusammenarbeit, ABl. 2011 Nr. C 11/01 , Rn. 331). Die letztgenannten Voraussetzungen konkretisieren das Verhältnismäßigkeitsprinzip. Das Beispiel stellt aber ausdrücklich auf die Umsetzung von – in diesem Fall informell formulierten – staatlichen Zielen ab. Ob die Senkung der Transport- und Verpackungskosten zu relevanten Preissenkungen für die Verbraucher oder aber „nur“ zu Vorteilen für den Umweltschutz führt, bleibt offen. Den Ersatz für einen klaren Verbrauchervorteil scheint die Kommission in diesem Fall im informellen Regelungsauftrag der Politik an die Unternehmen zu sehen.

59 Siehe z. B. *Schweitzer, Heike*, Competition Law and Public Policy: Reconsidering an Uneasy Relationship, EUI Working Paper LAW No. 2007/30, 8 ff. m. w. N.; *Koch, Jens*, Beurteilungsspielräume bei der Anwendung des Art. 81 Abs. 3 EG, ZWeR 2005, 380, 383 f. (gegen den Fortbestand eines Beurteilungsspielraums). A.A. Everling (Fn. 5) S. 1073, 1088 f.: „Es würde der Normenhierarchie zwischen primärem und sekundärem Gemeinschaftsrecht widersprechen, wenn der Gemeinschaftsgesetzgeber durch Änderungen des Sekundärrechts die dem Vertragsrecht zugehörigen Querschnittsklauseln aushebeln könnte“.

60 Zur Anerkennung eines Beurteilungsspielraums im Rahmen der VO 17 siehe EuGH, Urt. v. 11.7.1985, Rs. C-42/84, Slg. 1985, 2545, Rn. 34 – *Remia*. Zur umstrittenen Frage, ob und unter welchen Voraussetzungen der Kommission

101 Abs. 3 AEUV weithin erledigt. Zwar beinhaltet die Anwendung von Art. 101 Abs. 3 AEUV auch heute noch die Würdigung komplexer wirtschaftlicher Gegebenheiten, sodass das EuG in jüngerer Zeit erneut festgestellt hat, die gerichtliche Kontrolle von Entscheidungen der Kommission sei auf die zutreffende Feststellung des Sachverhalts, das Fehlen offensichtlicher Beurteilungsfehler und die richtige Anwendung des Rechts beschränkt.[61] Gleichwohl bleibt die Anwendung von Art. 101 Abs. 3 AEUV – wie für unmittelbar anwendbare Normen zwingend vorausgesetzt – vollständig rechtlich determiniert.[62] Die latente Spannung zwischen diesen beiden Positionen reduziert sich, wenn man anerkennt, dass der der Kommission in *MasterCard* zugestandene Wertungsspielraum bei der Anwendung des Art. 101 Abs. 3 AEUV nicht mit dem deutschen Konzept eines „Ermessens" oder „Beurteilungsspielraums" gleichzusetzen ist. So hat das EuG zum Umfang der gerichtlichen Kontrolle bei der Würdigung komplexer wirtschaftlicher Gegebenheiten im Rahmen des Art. 101 Abs. 3 AEUV in *MasterCard* festgestellt, dass nicht nur „die sachliche Richtigkeit der angeführten Beweise, ihre Zuverlässigkeit und ihre Kohärenz" zu prüfen ist. Zu kontrollieren sei auch, „ob diese Beweise alle relevanten Daten darstellen, die bei der Beurteilung einer komplexen Situation heranzuziehen waren, und ob sie die aus ihnen gezogenen Schlüsse zu stützen vermögen". Dem Gericht soll es lediglich verwehrt sein, die Beurteilung des Urhebers der Entscheidung, deren Rechtmäßigkeit zu kontrollieren ist – im konkreten Fall eine Entscheidung der Kommission –, durch seine eigene Beurteilung zu ersetzen.[63] Das EuG kann nicht selbst auf der Grundlage eigener, von der Kommission verschiedener Überlegungen über das Vorliegen der Ausnahme entscheiden, sondern ist darauf beschränkt, die Richtigkeit eines Kommissionsbeschlusses zu überprüfen.

4. Art. 101 Abs. 1 AEUV

Als weiteres Einfallstor für die Berücksichtigung nicht-wettbewerblicher Interessen bleibt die Entscheidung über den Anwendungsbereich des Verbots wettbewerbsbeschränkender Vereinbarungen. Diesem können aufgrund gegenläufiger, nicht wettbewerblicher Gesichtspunkte Grenzen gezogen sein. Zwei Fallgruppen lassen sich unterscheiden: Die Nichtanwendung des Art. 101 Abs. 1 AEUV auf bestimmte Lebenssachverhalte zum Schutz einer im AEUV anerkannten anderweitigen Regelungszuständigkeit (s. u., Abschnitt 4.1); und die einzelfallabhängige Nichtanwendung des Art. 101 Abs. 1 AEUV auf die Regelsetzung durch Unternehmen oder Unternehmensverbände, wenn ein Fall delegierter oder sachimmanenter Rechtssetzungsbefugnis vorliegt und die konkrete Regelung durch zwingende Gründe des Allgemeininteresses gerechtfertigt ist (s. u., Abschnitt 4.2).

4.1 Teleologische Reduktion des Art. 101 Abs. 1 AEUV zum Schutz anderweitig zugeordneter Regelungskompetenzen

Die erste Fallgruppe folgt aus einer Anwendung des Prinzips praktischer Konkordanz: Die im AEUV angelegte Zuständigkeitsordnung für die Regelung bestimmter Belange gebietet in einigen Regelungszusammenhängen eine zurückhaltende Interpretation des Art. 101 Abs. 1 AEUV. Der wichtigste Anwendungsfall ist die Rechtsprechung des EuGH in *Albany*: Der Abschluss von Tarifverträgen zwischen Arbeitgebern und Arbeitnehmern, welche die für Arbeitsverhältnisse unmittelbar erheblichen und in den Kernbereich der Tarifautonomie fallenden Wirtschafts- und Arbeitsbedingungen regeln, unterfällt nicht dem Anwendungsbereich

---

in der Anwendung der Wettbewerbsregeln ein Beurteilungsspielraum zugestanden werden kann, siehe *Schweitzer, Heike*, Judicial Review in EU competition Law in: Lianos, Ioannis/Geradin (Hrsg.), Damien, Handbook on European Competition Law. Enforcement and Procedure, Cheltenham 2013, 491, 504 ff.

61 EuG, Urt. v. 24.5.2012, Rs. T-111/08, Rn. 201 – *MasterCard* (noch nicht in amtlicher Sammlung); EuGH, Urt. v. 11.9.2014, Rs. C-382/12P – *MasterCard* (noch nicht in amtlicher Sammlung).

62 Siehe die in EuGH, Urt. v. 5.2.1963, Rs. 26/62, Slg. 1963, Rn. 7, 25 – *Van Gend & Loos* formulierten Voraussetzungen der unmittelbaren Anwendbarkeit einer Norm: Aus unmittelbar anwendbaren Normen müssen sich eindeutige Rechte und Pflichten ergeben. Die in einer unmittelbar anwendbaren Norm vorgegebene Abwägung von Interessen muss dementsprechend rechtlich abschließend vorprogrammiert und überprüfbar sein.

63 EuG, Urt. v. 24.5.2012, Rs. T-111/08, Rn. 202 – *MasterCard* (noch nicht in amtlicher Sammlung).

der Wettbewerbsregeln.[64] Zwar haben Tarifverträge notwendig Auswirkungen auf den Wettbewerbsprozess. In bewusstem Gegensatz zu den Ordnungsprinzipien des Wettbewerbs weist der in den Mitgliedstaaten wie in der Union anerkannte Grundsatz der Tarifautonomie die Regelungskompetenz für die Arbeits- und Sozialordnung aber den Sozialpartnern zu. Die Grundlage für diese Auslegung wurde in Art. 153-155 AEUV gesehen, denen zufolge die Union den sozialen Dialog zwischen den Sozialpartnern zu fördern hat.

In ähnlicher Weise lässt sich die Rechtsprechung des EuGH zu solidarischen Systemen sozialer Sicherheit verstehen:[65] Gesetzliche Pflichtversicherungssysteme werden nicht als „Unternehmen" im Sinne des europäischen Wettbewerbsrechts qualifiziert und unterfallen daher nicht dem europäischen Wettbewerbsrecht, wenn das System ausschließlich einen sozialen Zweck verfolgt, die gesetzlichen Systemvorgaben (z. B. gesetzliche Festlegung der Leistung, Versicherungsbeiträge nach Maßgabe des Einkommens, ohne Rücksicht auf das Risiko; Leistungsanspruch unabhängig von der Höhe der Beiträge) einen Spielraum für Wettbewerb mit privaten Anbietern ausschließen und das System der Aufsicht des Staates unterliegt. Der EuGH hat in den einschlägigen Urteilen verschiedentlich auf die Zuständigkeit der Mitgliedstaaten für die Sozialpolitik verwiesen (Art. 156 AEUV).

4.2 Einzelfallbezogene Nichtanwendung von Art. 101 Abs. 1 AEUV auf Wettbewerbsbeschränkungen in Fällen staatlich delegierter Regelsetzungsmacht und bei der autonomen Setzung von Wettkampfregeln

Eine davon verschiedene zweite Fallgruppe bilden die Fälle *Wouters, API* und *Meca Medina*. Im Fall *Wouters*[66] war die Vereinbarkeit einer von der niederländischen Rechtsanwaltskammer erlassenen Verordnung mit Art. 101 Abs. 1 AEUV zu beurteilen, welche zur Gewährleistung der Unabhängigkeit der Rechtsberatung und zur Vermeidung von Interessenkonflikten die Bildung von multidisziplinären Sozietäten zwischen Rechtsanwälten und Wirtschaftsprüfern verbot. Der EuGH prüfte zunächst, ob die Rechtsanwaltskammer in der Wahrnehmung einer durch den niederländischen Gesetzgeber delegierten Gesetzgebungsbefugnis als Unternehmensvereinigung oder aber in Ausübung öffentlicher Gewalt handelte. Die von der Rechtsprechung entwickelten Kriterien für eine hoheitliche Regelsetzung[67] lagen indes nicht vor: Die Leitungsorgane der niederländischen Rechtsanwaltskammer waren ausschließlich mit Rechtsanwälten besetzt, die von den Berufsangehörigen selbst gewählt wurden; der Staat verfügte über keinerlei Einfluss auf die Besetzung der Leitungsorgane; und die Rechtsanwaltskammer war durch Gesetz nicht verpflichtet, bei Erlass von Regelungen bestimmte Kriterien des Allgemeininteresses zu berücksichtigen (Rn. 61, 62). Die Rechtsanwaltskammer wurde daher als Unternehmensvereinigung qualifiziert (Rn. 64). Auch beschränkte das Verbot gemischter Sozietäten den Wettbewerb, verhinderte nämlich die Entwicklung eines innovativen und erweiterten Leistungsangebots durch einheitliche Anbieter – ein Angebot, für das ein Bedarf bestand (Rn. 86 ff.). Gleichwohl hat der EuGH die Anwendbarkeit von Art. 101 Abs. 1 AEUV im Ergebnis verneint. In einer seitdem in st. Rspr. wiederholten Formulierung heißt es, nicht jede Vereinbarung zwischen Unternehmen oder jeder Beschluss einer Unternehmensvereinigung, durch die die Handlungsfreiheit einer der Parteien beschränkt wird, falle zwangsläufig unter das Verbot des Art. 101 Abs. 1 AEUV. Bei der Anwendung dieser Vorschrift im Einzelfall sei nämlich der Gesamtzusammenhang, in dem der fragliche Beschluss zustande gekommen ist oder seine Wirkungen entfaltet, und insbesondere seine Zielsetzung zu würdigen. Weiter sei zu prüfen, ob die mit dem Beschluss verbundenen wettbewerbsbeschränkenden Wirkungen notwendig mit der Verfolgung der genannten Ziele zusammenhingen und ob sie im Hinblick auf diese Ziele verhältnismäßig seien (Rn. 97, 109). Das Recht der Mitgliedstaaten, in Ermangelung harmonisierter europäischer Vorschriften die Aus-

64 EuGH, Urt. v. 21.9.1999, Rs. C-67/96, Slg. 1999, 5751 – *Albany*.

65 Siehe u. a. EuGH, Urt. v. 17.2.1993, Rs. C-159/91 u. C-160/91, Slg. 1993, 637, Rn. 15-18 – *Poucet et Pistre*; EuGH, Urt. v. 16.11.1995, Rs. C-244/94, Slg. 1995, 4013 – *FFSA*; EuGH, Urt. v. 5.3.2009, Rs. C-350/07, Slg. 2009, 1513 – *Kattner*.

66 EuGH, Urt. v. 19.2.2002, Rs. C-309/99, Slg. 2002, 1577 – *Wouters*.

67 Dazu insbes. EuGH, Urt. v. 18.6.1998, Rs. C-35/96, Slg. 1998 , 3851, Rn. 42 f. – *Berufsverband von Zollspediteuren*; EuGH, Urt. v. 5.12.2006, Rs. C-94/04 und C-202/04, Slg. 2006, 758, Rn. 46 – *Cipolla*.

übung des Rechtsanwaltsberufs für ihr Hoheitsgebiet zu regeln, sei in st. Rspr. anerkannt (Rn. 99). Die Niederlande hätten die Rechtsanwaltskammer mit dem Erlass von Regelungen im Interesse der ordnungsgemäßen Berufsausübung betraut (Rn. 100). Das Verbot gemischter Sozietäten konkretisiere die durch das niederländische Standesrecht begründete Verpflichtung der Rechtsanwälte, ihre Mandanten in voller Unabhängigkeit und unter ausschließlicher Wahrnehmung ihrer Interessen zu vertreten, jedes Risiko eines Interessenkonflikts zu vermeiden und das Berufsgeheimnis zu wahren. Die niederländische Rechtsanwaltskammer habe bei vernünftiger Betrachtung annehmen können, dass die Regelung trotz der notwendig mit ihr verbundenen wettbewerbsbeschränkenden Wirkungen für die ordnungsgemäße Ausübung des Rechtsanwaltsberufs erforderlich sei (Rn. 107, 109). Unter diesen Bedingungen sei ein Verstoß gegen Art. 101 Abs. 1 AEUV nicht anzunehmen.

Um einen der Struktur nach vergleichbaren Fall delegierter Gesetzgebung handelte es sich in der kürzlich vom EuGH entschiedenen Sache *API,*[68] und der EuGH hat – mit abweichendem Ergebnis – einen übereinstimmenden Prüfungsansatz verfolgt: Der italienische Gesetzgeber hatte den Straßentransportsektor in Übereinstimmung mit europäischem Recht im Jahr 2005 liberalisiert und zugleich ein Gremium eingerichtet, das die Einhaltung der Vorschriften für die Verkehrssicherheit und soziale Sicherheit überwachen sollte. In dieses Gremium wurden zwar auch Behördenvertreter entsandt; ganz überwiegend war es aber mit Verbandsvertretern besetzt. Im Jahr 2008 erließ der italienische Staat ein Dekret, dem zufolge die Beförderungstarife im Straßentransport künftig nicht unter den Mindestbetriebskosten liegen dürften, die von dem genannten Gremium festzulegen seien. Hierdurch solle gewährleistet werden, dass der Preiswettbewerb nicht die Einhaltung der Sicherheitsmaßstäbe gefährde. Auch hier sprach der EuGH der Preisfestsetzung durch das betraute Gremium den Charakter einer staatlichen Regelung ab: Der Ausschuss bestehe im Wesentlichen aus Verbandsvertretern, die staatlichen Vertreter verfügten über kein Vetorecht und seien mit ihren Stimmen nicht in der Lage, die Übermacht der Verbandsvertreter auszugleichen. Auch war die Ermächtigung des Gremiums zur Festsetzung der Mindestkosten nicht mit der Formulierung leitender Grundsätze oder prozeduraler Sicherungen verbunden, die gewährleistet hätten, dass hierbei nicht nur Verbandsinteressen, sondern auch das Interesse der Allgemeinheit berücksichtigt würde. Die Straßenverkehrssicherheit wurde nur mit einem vagen Hinweis in Bezug genommen (Rn. 32 ff.). Das Gremium handelte bei der Festsetzung der Tarife daher als Unternehmensvereinigung. Die Wettbewerbsbeschränkung ergab sich unmittelbar aus der Festsetzung eines Mindesttarifs. Anders als im Fall *Wouters* wurde eine Rechtfertigung der Wettbewerbsbeschränkung im Rahmen des Art. 101 Abs. 1 AEUV aber abgelehnt. Zwar wurde mit der Festsetzung von Mindesttarifen ein legitimes öffentliches Interesse – die Sicherheit des Straßenverkehrs – verfolgt. Der EuGH sah jedoch keinen Zusammenhang zwischen der Festlegung von Mindestbetriebskosten und der Verbesserung der Verkehrssicherheit (Rn. 52). In jedem Fall sei eine solche Festsetzung unverhältnismäßig, da den Transportunternehmen keine Möglichkeit belassen wurde nachzuweisen, dass sie die Sicherheitsvorschriften trotz niedrigerer Tarife befolgten (Rn. 55). Schließlich gebe es viele Vorschriften – darunter solche des Unionsrechts – die wirksamer zur Gewährleistung öffentlicher Interessen beitragen könnten und weniger wettbewerbsbeschränkend seien, etwa Regelungen über Ruhepausen, Ruhezeiten und technische Kontrollen (Rn. 56).

Das Urteil *Wouters* hat in der Literatur große Aufmerksamkeit erfahren und zu der These geführt, die von der Rechtsprechung anerkannten Allgemeininteressen, die einen Verstoß gegen die Grundfreiheiten rechtfertigen könnten, seien nunmehr auch auf Art. 101 AEUV zu übertragen.[69] Es sei von einer „strukturellen Wertungsparallele" auszugehen: „Wenn und soweit die Grundfreiheiten gegenüber den vom Gemeinschaftsrecht anerkannten Regelungszielen … zurückzutreten haben, lässt sich eine entsprechende Wertung auch im Ver-

68 EuGH, Urt. v. 4.9.2014, Rs. C-184/13 bis C-187/13, C-194/13, C-195/13 und C-208/13 – *API* (noch nicht in amtlicher Sammlung).

69 Siehe *Roth* (Fn. 4) S. 411, 426 f. – vor dem Hintergrund einer These der Konvergenz von Grundfreiheiten und Wettbewerbsregeln.

hältnis zu den Wettbewerbsregeln begründen".[70] Tatsächlich ist der Test, anhand dessen in den Urteilen *Wouters* und *API* eine Einschränkung des Verbotsgehalts des Art. 101 Abs. 1 AEUV im Einzelfall geprüft wird, in seiner Struktur an die Rechtfertigungsprüfung des Grundfreiheitenrechts angelehnt.[71] Dies gilt für den Kreis der in Betracht zu ziehenden öffentlichen Interessen, der über die im Rahmen des Art. 101 Abs. 3 AEUV relevanten öffentlichen Interessen hinausreicht, und es gilt für die Verhältnismäßigkeitsprüfung, die sich – anders als die Prüfung des Art. 101 Abs. 3 AEUV – auch auf echte Gemeinwohlinteressen bezieht und ein Erfordernis der Beteiligung der unmittelbar betroffenen Verbraucher am Gewinn dementsprechend nicht kennt.

Der Anwendungsbereich dieser Rechtsprechung ist jedoch eng begrenzt. *Wouters* wie auch *API* sind klare Fälle einer staatlichen Delegation von Rechtssetzungsbefugnissen an eine Unternehmensvereinigung. In Fällen delegierter Rechtssetzung liegt die Übertragung der Grundfreiheitenprüfung auf Art. 101 Abs. 1 AEUV nahe – wenngleich gute Gründe für eine besonders strenge Verhältnismäßigkeitsprüfung sprechen: Die Feststellung, dass keine hoheitliche, sondern eine private Regelsetzung vorliegt, bedeutet nach dem vom EuGH entwickelten Test immer auch, dass die Regelsetzung maßgeblich von unternehmerischen Interessen beeinflusst, ja getrieben sein kann. Gleichwohl hat der Staat die fragliche Unternehmensvereinigung mit der Regelsetzung und zugleich mit der Konkretisierung einschlägiger öffentlicher Interessen betraut. Für die Übertragung vergleichbarer Grundsätze auf Fälle einer eigenmächtige Selbstregulierung durch Unternehmen lässt sich dieser Rechtsprechung nichts entnehmen.

Allerdings hat der EuGH die *Wouters*-Rechtsprechung in einem Fall auch auf eine autonome Regelsetzung – nämlich die Regelsetzung durch Sportverbände – übertragen. Das Urteil *Meca Medina* betraf die Anwendung der Wettbewerbsvorschriften auf den Erlass von Antidoping-Regeln durch das IOC. Das EuG wie auch Generalanwalt Léger hatten für die grundsätzliche Unanwendbarkeit der Wettbewerbsvorschriften auf „rein sportliche Regeln" plädiert – sie seien nicht wirtschaftlicher Natur. Der EuGH verwarf eine solche Bereichsausnahme und griff stattdessen auf die in *Wouters* entwickelten Kriterien zurück (Rn. 42). Die streitige Antidoping-Regelung diene einem legitimen Zweck, nämlich der Chancengleichheit der Sportler, ihrer Gesundheit, der Ehrlichkeit und Objektivität des Wettkampfs, und gewährleiste die ethischen Werte des Sports (Rn. 43), und als Regelung zur Gewährleistung eines fairen Wettbewerbs zwischen Sportlern sei sie mit der Organisation und dem ordnungsgemäßen Ablauf eines sportlichen Wettkampfs untrennbar verbunden. Sie sei außerdem auf das zum ordnungsgemäßen Funktionieren des sportlichen Wettbewerbs Notwendige begrenzt (Rn. 47). Unter diesen Bedingungen stelle die Regelung keine Wettbewerbsbeschränkung i.S. des Art. 101 Abs. 1 AEUV dar. In *Meca Medina* fehlte eine staatliche Delegation. Der EuGH hat stattdessen implizit auf eine Art „Immanenztheorie"[72] rekurriert: Die zweifellos legitime Organisation sportlicher Wettkämpfe setzt Regeln zur Gewährleistung sportlicher Fairness zwingend voraus. Nur in dieser Begrenzung wurde der *Wouters*-Test in *Meca-Medina* angewandt.

Entgegen den weiterreichenden Thesen von Teilen der Literatur zu einer allgemeinen Konvergenz von Grundfreiheiten- und Wettbewerbsrecht ist der *Wouters*-Test bislang auf diese beiden Fallkonstellationen (delegierte Rechtssetzungsbefugnis; die der Tätigkeit eines Verbands immanente Regelsetzung) beschränkt geblieben. Sie kennzeichnen die Bedingungen, unter denen Unternehmen ausnahmsweise – ähnlich wie sonst nur der Gesetzgeber – zur regelhaften Konkretisierung öffentlicher Interessen im Widerspruch zum Wettbewerbssystem befugt sind und unterstreichen damit, dass eine solche Legitimation stets begründungs-

70 *Roth* (Fn. 4) S. 411, 429. Siehe auch S. 434: Es sei „geradezu zwingend, dass Rechtfertigungsgründe, die die Anwendung der Grundfreiheiten einzuschränken vermögen, in gleicher Weise bei der Anwendung der Wettbewerbsregeln herangezogen werden können". Geboten sei die „Anerkennung einer sozial- und gemeinwohlorientierten rule of reason im Rahmen des Art. 81 Abs. 1 EG". Ähnlich auch *Monti* (Fn. 5) 1057, 1090: In der Rechtsprechung komme der allgemeine Grundsatz zum Ausdruck, dass Gründe der öffentlichen Ordnung in den Mitgliedstaaten die Anwendung von Unionsrecht ausschließen könnten (sog. „European style rule of reason").

71 *Schweitzer* (Fn. 59) 3; *Monti* (Fn. 5) 1057, 1087.

72 *Emmerich, Volker*, Art. 101 Abs. 1 AEUV, in: Immenga/Mestmäcker (Hrsg.), Wettbewerbsrecht, Band 1. EU/Teil 1, München 2012, Rn. 134 – im unionsrechtlichen Kontext als „rule of reason" bezeichnet.

bedürftig ist. Denn in den Unterschieden zwischen den Rechtfertigungserfordernissen bei Grundfreiheitsverstößen und den Ausnahmevoraussetzungen des Art. 101 Abs. 3 AEUV spiegeln sich eben auch die Grundannahmen des Unionsrechts über die unterschiedliche Legitimation, über die Hoheitsträgern und Unternehmen bei der Regelsetzung verfügen. Die Funktionentrennung zwischen Staat und Unternehmen würde umgangen, wenn die Rechtfertigungssystematik des Grundfreiheitenrechts allgemein auf Art. 101 Abs. 1 AEUV übertragen würde. Die Bedeutung, die das Unionsrechts dieser Funktionentrennung beimisst, wird unterstrichen durch die Vorschrift des Art. 106 Abs. 2 AEUV: Auch öffentliche Aufgaben im Rahmen der Erbringung von Dienstleistungen von allgemeinem wirtschaftlichem Interesse können Unternehmen im Widerspruch zu den Wettbewerbsregeln nur wahrnehmen, wenn sie durch Hoheitsakt mit diesen Aufgaben betraut worden sind. Eine „Selbstermächtigung" zur Wahrnehmung öffentlicher Interessen scheidet hier wie sonst aus.

4.3 Einschränkung des Anwendungsbereichs des Art. 101 Abs. 1 AEUV aus industriepolitischen Gründen?

Angesichts klar eingegrenzter, den unterschiedlichen Regelungszuständigkeiten Rechnung tragender Voraussetzungen, unter denen öffentliche Interessen Einschränkungen in der Anwendung des Kartellverbots auf unternehmerische Selbstregulierung rechtfertigen können, gibt eine Entwicklung Anlass zu Bedenken, die in der Diskussion über die Berücksichtigung nicht-wettbewerblicher Ziele im Wettbewerbsrecht regelmäßig außer Acht gelassen wird: Namentlich die Tendenz der Kommission, den Anwendungsbereich des Art. 101 Abs. 1 AEUV unter Gesichtspunkten der Förderung von Forschung und Entwicklung und damit unter Gesichtspunkten der Industriepolitik immer weiter zurückzunehmen. So enthalten die Horizontalleitlinien von 2011 zwar keinen Abschnitt zu „Umweltvereinbarungen" mehr (dazu bereits oben). Erhebliche Bedeutung kommt aber dem Abschnitt über „Vereinbarungen über Normen" zu (Abschnitt 7, Rn. 257 ff.). Gemeint ist die gemeinsame Festlegung technischer oder qualitätsbezogener Anforderungen an bestehende oder zukünftige Produkte, Herstellungsverfahren, Dienstleistungen und Methoden (Rn. 257). Die Kommission steht dieser Form der Selbstregulierung durch Unternehmen mit großem Wohlwollen gegenüber:

„Vereinbarungen über Normen wirken sich in der Regel sehr positiv auf die Wirtschaft aus, indem sie unter anderem die wirtschaftliche Durchdringung im Binnenmarkt fördern und zur Entwicklung neuer, besserer Produkte/Märkte und besserer Lieferbedingungen beitragen. Folglich bewirken Normen in der Regel einen stärkeren Wettbewerb und niedrigere Output- und Verkaufskosten, was den Volkswirtschaften insgesamt zugutekommt. Normen leisten einen Beitrag zur Aufrechterhaltung und Verbesserung von Qualität, sind eine Informationsquelle und gewährleisten Interoperabilität und Kompatibilität …" (Rn. 263).

Zwar wird auch auf die Möglichkeiten einer Wettbewerbsbeschränkung hingewiesen (Rn. 264 ff.). Anstatt die grundsätzliche Ambivalenz der Wirkungen von Normen anzuerkennen und Normungsvereinbarungen daher einer Prüfung im Rahmen des Art. 101 Abs. 3 AEUV zu unterziehen, sollen diese, sofern bestimmte Verfahrensvoraussetzungen eingehalten werden, von vornherein dem Anwendungsbereich des Art. 101 Abs. 1 AEUV entzogen sein. So heißt es in Rn. 280 der Horizontalleitlinien:

„Ist die Möglichkeit der uneingeschränkten Mitwirkung am Normungsprozess gegeben und das Verfahren für die Annahme der betreffenden Norm transparent, liegt bei Normenvereinbarungen, die keine Verpflichtung zur Einhaltung der Norm enthalten und Dritten den Zugang zu der Norm zu fairen, zumutbaren und diskriminierungsfreien Bedingungen gewähren, keine Beschränkung des Wettbewerbs im Sinne von Art. 101 Abs. 1 vor".

Den häufigen tatsächlichen Unzulänglichkeiten der oft von der Industrie dominierten Normungsverfahren, der faktischen Bindungswirkung, die diese im Wirtschaftsverkehr schnell entfalten können und der möglicherweise verfrühten Beseitigung von Wettbewerb um die Norm wird nicht Rechnung getragen. Die Kommission geht ungeachtet aller Bedenken von einem breit gefassten Privileg der Selbstregulierung aus. Die in Art. 101 Abs. 3 AEUV vorgesehene Überprüfung einer Beteiligung der Verbraucher an den Gewinnen und der Unerlässlichkeit der Wettbewerbsbeschränkung zur Erzielung der angestrebten Vorteile entfällt. Die Privilegierung von Normungsvereinbarungen wird von der Kommission nicht unter Rückgriff auf Querschnittsziele begründet. De facto aber bedeutet sie eine Rücknahme des Wettbewerbsrechts zugunsten von Industriepolitik.

5. Fazit

Binnenmarkt und unverfälschter Wettbewerb sind die Grundpfeiler der europäischen Wirtschaftsordnung. Die Wirtschaftsordnung ist eingebettet in eine politische Ordnung und eine Werteordnung, die über verschiedene rechtliche Einbruchstellen auch auf die Wettbewerbsregeln ausstrahlen kann. Die Möglichkeiten zur Ausstrahlung auf das Verbot wettbewerbsbeschränkender Vereinbarungen sind allerdings begrenzt. Dies gilt für beide denkbaren Einfallstore: für Art. 101 Abs. 3 AEUV als der grundsätzlich näherliegenden Einbruchstelle, aber auch für Art. 101 Abs. 1 AEUV. Hier wie dort kommt dabei das Prinzip der Funktionentrennung zwischen Staat und Unternehmen zum Tragen: Zuständig für Maßnahmen der Regulierung im öffentlichen Interesse sind grundsätzlich die Hoheitsträger, nicht Unternehmen. Die Rechtsprechung des EuGH unterscheidet daher strikt zwischen hoheitlicher Regelsetzung und privater Selbstregulierung. Während mitgliedstaatliche Regelsetzung sich an den Grundfreiheiten messen lassen muss, ist eine Beschränkung des Wettbewerbs durch Unternehmenskooperation grundsätzlich nur dann zulässig, wenn die Voraussetzungen des Art. 101 Abs. 3 AEUV erfüllt sind. Auf den Schutz abstrakter Gemeinwohlbelange können sich Unternehmen zur Rechtfertigung nicht berufen. Sie müssen vielmehr nachweisen, dass die von der Wettbewerbsbeschränkung nachteilig betroffenen Verbraucher zugleich von den Vorteilen der Wettbewerbsbeschränkung profitieren. Dies entspricht einer Art gruppenbezogenem Pareto-Kriterium. Das Kaldor-Hicks-Kriterium reicht für die Rechtfertigung nicht aus.

Anderes gilt nur für den Fall, dass ein Unternehmensverband in Ausübung einer staatlich delegierten Rechtssetzungsbefugnis handelt. Die Rechtsprechung zur begrenzten autonomen Regelsetzungsbefugnis von Sportverbänden folgt einer Art „Immanenztheorie", umfasst aber auch keine allgemeine Befugnis zur Regelsetzung im öffentlichen Interesse, sondern ist auf das für die Organisation fairer sportlicher Wettkämpfe Erforderliche beschränkt.

Das Wettbewerbsrecht scheint damit in guter Verfassung, insoweit sein Verhältnis zu außerwettbewerblichen Interessen in Frage steht. Sorgen bereiten zwei Entwicklungen: Zum einen die Neigung der Kommission, den Anwendungsbereich des Art. 101 Abs. 1 AEUV weit über die genannten Fallgruppen hinaus überall dort zu reduzieren, wo nach ihrer Einschätzung die Selbstregulierung von Unternehmen die Wettbewerbsfähigkeit europäischer Unternehmen stärkt. Normungsvereinbarungen sind ein Beispiel: Unternehmerische Selbstregulierung wird privilegiert, obwohl es an einer delegierten Gesetzgebungsbefugnis fehlt. Sorgen bereitet ferner, dass jenseits der hier vorgenommenen *rechtlichen* Analyse Aussagen über die *praktische* Bedeutung nicht-wettbewerblicher Ziele in Art. 101 Abs. 3 AEUV kaum noch möglich sind. In dem durch die VO 1/03 eingeführten System der Selbstveranlagung ist die Handhabung der Ausnahme durch die Unternehmen heute nicht mehr transparent. Entscheidungen zu Art. 101 Abs. 3 AEUV auf Kommissionsebene sind selten geworden. Aus den Mitgliedstaaten sind kaum Fälle bekannt, in denen in der Anwendung der Ausnahmenorm auf nicht-wettbewerbliche Interessen zurückgegriffen worden ist. Es ist eine andere Frage, ob diese in der Ausübung eines Aufgreifermessens der Behörden oder im Rahmen der mittlerweile auf mitgliedstaatlicher wie auf Unionsebene verbreiteten Verpflichtungszusagen eine Rolle gespielt haben. Die VO 1/03 hat so Raum für die Entwicklung einer europäischen und mitgliedstaatlichen Kartellpolitik geschaffen, die unterhalb des Radars des Wettbewerbsrechts und seiner gerichtlichen Kontrolle angesiedelt ist.

Außerwettbewerbliche Aspekte bei Fusionskontrollentscheidungen nach dem GWB und der europäischen FKVO

*Andreas Mundt**
Präsident des Bundeskartellamtes

1. Einleitung

Das vorangegangene Panel beleuchtete Art. 101 AEUV hinsichtlich der Berücksichtigung außerwettbewerblicher Aspekte. Ich möchte Ihr Augenmerk auf die deutsche Rechtslage zur Fusionskontrolle lenken. Es gibt in mehrfacher Hinsicht maßgebliche Unterschiede: Während die Kommission nach Art. 101 AEUV eine Ermessensentscheidung trifft, sind nach § 36 GWB allein die Auswirkungen auf die Wettbewerbsverhältnisse zentral; Ermessenserwägungen sind dabei ausgeschlossen. Der Wortlaut des § 36 GWB ist dahingehend eindeutig, „ein Zusammenschluss ist zu untersagen" heißt es dort. § 36 GWB lässt dabei wenig Raum für Abwägungen hinsichtlich außerwettbewerblicher Ziele.

In der Fusionskontrolle in Deutschland haben wir vielmehr eine klare Trennung zwischen dem, was die Behörde Bundeskartellamt machen soll und dem, was der Politik vorbehalten ist. Diese klare Trennung ist systematisiert und institutionalisiert über die Ministererlaubnis. Viele Begriffe, über die wir hier in den vorangegangenen Panels gesprochen haben – gesamtwirtschaftliche Vorteile, überragendes Interesse der Allgemeinheit – sind Formulierungen, die man bei uns im Rahmen dessen findet, was der Minister für Wirtschaft und Energie abwägen muss, wenn er darüber zu entscheiden hat, ob eine Ministererlaubnis gewährt wird.

Diese Unterscheidung entspringt dem Ziel, das Bundeskartellamt dem politischen Einfluss zu entziehen. Der beste Weg dahin – so der Grundgedanke der gesetzlichen Regelung – ist Folgender: Man konzentriere das Amt auf wettbewerbliche Überlegungen, lasse andere politische Fragen außen vor und verlagere diese Überlegungen und Entscheidungen dorthin, wo sie hingehören, in die Politik. Dagegen hat das Bundeskartellamt entsprechend seiner Expertise bei den Wettbewerbsfragen zu entscheiden.

Eine kluge Aufteilung, wie ich bis heute finde. Wenn im Ausland gefragt wird, ob diese Zweiteilung nicht ein Angriff auf die Unabhängigkeit des Bundeskartellamtes sei, sage ich immer wieder, meines Erachtens müsste man die Ministererlaubnis, wenn es sie nicht gäbe, erfinden. Aus meiner Sicht sichert sie die Unabhängigkeit des Bundeskartellamtes. Dabei handelt es sich um ein ganz zentrales Merkmal dieser Behörde.

Wenn außerwettbewerbliche Fragen und Erwägungen geltend gemacht werden, setzen wir uns hiermit natürlich auseinander. Zunächst entscheidet das Bundeskartellamt allerdings auf der Basis von wettbewerblichen Parametern. Alles weitere muss im Kontext des Ministererlaubnisverfahrens bewertet werden. Insofern hat das Bundeskartellamt eine völlig andere Ausgangsbasis. Es gibt auch keine Entscheidung des Amtes, nach der eine Fusion nur deshalb freigegeben wurde, weil man sich davon die Erhaltung von Arbeitsplätzen versprochen hätte. Auf das wettbewerblich eingebundene Instrument der Sanierungsfusion wird unten noch eingegangen.

Man könnte sich allenfalls der Frage widmen, ob es Wege gibt, die das Amt sucht oder beschreitet, soweit ihm gegebenenfalls ein gewisser Abwägungsspielraum eröffnet ist. In diesem Kontext muss man berücksichtigen, dass auch das Bundeskartellamt, das von politischer Einflussnahme freigehalten werden soll, nicht im politikfreien Raum agiert. Natürlich nimmt das Bundeskartellamt auch die Stimmungen der Betroffenen und der Öffentlichkeit wahr, wird mit Aussagen von Politikern, Verbänden und Gewerkschaften konfrontiert. Das erleichtert schwierige Entscheidungssituationen zumeist nicht und stellt immer wieder eine Herausforderung für die Kommunikation und Öffentlichkeitsarbeit des Bundeskartellamtes dar.

---

* Die Redeform wurde beibehalten.

Im Folgenden soll in drei Bereichen der Frage nachgegangen werden, welche Schwierigkeiten außerwettbewerbliche Fragen für die Arbeit des Bundeskartellamtes aufwerfen können. Es handelt sich dabei um den Gesundheitsbereich, Fragen der Sanierungsfusion und grenzüberschreitende Zusammenschlüsse.

2. Gesundheitswesen und Krankenhausfusionen

Das Gesundheitswesen ist aus meiner Sicht einer der schwierigsten Branchen in der Wettbewerbspolitik überhaupt, weil hier per se und a priori sehr viele Einflüsse zu beobachten sind, die außerhalb des Wettbewerbsbereichs liegen. Es ist ein stark regulierter Bereich, der in vielen Punkten von Fragen des Sozialrechts, von Fragen der Krankenhausplanung und vom Sozialgesetzbuch V (SGB V) bestimmt wird. Deswegen fragen viele, inwieweit hier noch Raum für Wettbewerb und für die Anwendung des Gesetzes gegen Wettbewerbsbeschränkungen sei.

Dabei ist festzustellen, dass das SGB V natürlich vielfache Qualitätsstandards setzt. Gleichzeitig ist allerdings auch ein Qualitätswettbewerb zu beobachten. Im Falle medizinischer Leistungen geht der Qualitätswettbewerb dabei oft weit über die Standards hinaus, die der Staat über das SGB V und die sozialrechtlichen Vorschriften vorgibt. So können sich Patienten durch Qualitätsberichte und durch Kliniksuchmaschinen über Krankenhäuser informieren. Neben diesem Reputationswettbewerb findet auch ein Servicewettbewerb statt. Man kann beobachten, dass Kliniken um Patienten werben und viel dafür tun, Patienten auch zu binden.

In diesem Grenzbereich des Wettbewerbsrechts stellen Fusionen benachbarter kommunaler Krankenhäuser eine besondere Herausforderung dar. Es handelt sich um einen emotional und politisch oftmals aufgeladenen Bereich, schon allein aufgrund der angespannten Haushaltslage vieler Kommunen, steigender Kosten und des damit einhergehenden Konsolidierungsdrucks. Dabei ergeben sich oft Situationen, in denen Wettbewerbsprobleme zunächst lösbar erscheinen, bspw. durch die Fusion einzelner Häuser mit einem privaten Dritten. Kommunalpolitisch stellen solche Lösungen jedoch gegebenenfalls keinen konsensfähigen Ausweg dar. Dies wiederum stellt das Bundeskartellamt vor neue Fragen.

Auf der anderen Seite wird dem Bundeskartellamt bei der Zusammenlegung kommunaler Krankenhäuser wiederholt vorgetragen, dass dadurch Effizienzen zu heben seien. Wenn diese dargelegt und quantifiziert werden sollen, zeigt sich jedoch häufig, dass diese schwer zu benennen sind bzw. aus politischen Gründen im Moment gar nicht benannt werden können. Das ist auch naheliegend. Denn was für ein privates Unternehmen selbstverständlich sein mag, das ist bei einer Krankenhausfusion sehr schwierig. Es ist im kommunalen Bereich teilweise schlichtweg nicht vermittelbar, dass diese oder jene Station geschlossen werden soll, dass Patienten für ihre Behandlungen weitere Strecken als bisher zurücklegen müssen, dass Personal eingespart werden soll oder dass Verwaltungen zusammengelegt werden müssen. Aus Sicht eines Kommunalpolitikers lassen sich daraus resultierende Effizienzen a priori kaum belegen. Zumal zu berücksichtigen ist, dass diese dann vielleicht gar nicht eintreten können, eben weil das Bundeskartellamt den Zusammenschluss doch untersagt. Solche Konstellationen stellen auch Kommunalpolitiker vor schwierige Herausforderungen.

Das Hauptproblem in diesem Bereich ist allerdings, dass gesetzgeberische Lösungen schnell gefordert und angestrebt werden. Hier lassen sich Parallelen zur Frage der Wasserpreise und -gebühren ziehen: Auch hier sollte eine Gesetzesänderung die Anwendung des Wettbewerbsrechts einschränken.

Wir sind hier somit in einem Bereich, in dem wir mit der Berücksichtigung von außerwettbewerblichen Fragestellungen schnell an die Grenzen des Rechts kommen. Das Gesetz bietet hier sehr wenig Spielraum. Das hat Vor- und Nachteile. Aber Sie können gerade an Krankenhausfusionen im kommunalen Bereich sehen, wie eng unsere Spielräume dabei sind, außerwettbewerbliche Gesichtspunkte zu berücksichtigen.

3. Sanierungsfusion

Zentrale Fragen bei der Berücksichtigung außerwettbewerblicher Aspekte stellen sich auch wiederholt bei Sanierungsfusionen und bei der Diskussion über Arbeitsplätze. Das ist ein sehr praxisrelevantes Problem für das Bundeskartellamt. Wir haben es hierbei oft mit einem Spannungsverhältnis zu tun, das man im Rahmen einer Ministererlaubnis nicht auflösen kann, weil in der Regel die Ministererlaubnis in solchen Fällen zu spät käme. Das heißt, Wettbewerbsbehörden müssen sich auch schwierigen Fragen stellen, wenn ein Unternehmen möglicherweise Insolvenz anmelden muss und Arbeitsplätze verloren gehen. Das sind die typischen außerwettbewerblichen Fragen, die auch entsprechend starken politischen Druck mit sich bringen können.

Wir haben das sehr deutlich erlebt bei der Fusion der beiden Cabriodachhersteller Magna und Karmann. Der Fall liegt nicht sehr lange zurück. Wir hatten es hier mit einer Fusion zu tun, die, wenn sie vollzogen worden wäre, die Anzahl von drei Anbietern von Cabriodachsystemen auf zwei reduziert hätte – in ganz Europa. Karmann hatte ein großes Werk in Osnabrück, wo zahlreiche Arbeitsplätze aufgrund der wirtschaftlichen Situation der Gesellschaft in Gefahr waren. Selten haben wir eine Situation gesehen, in der so lautstark Forderungen erhoben wurden, eine Fusion zuzulassen. Vor der Abmahnung des Bundeskartellamtes kritisierte der Ministerpräsident von Niedersachsen das Bundeskartellamt öffentlich. Nach der Abmahnung forderte er, den Zusammenschluss doch noch zu genehmigen. Die Neue Osnabrücker Zeitung titelte in dieser Zeit „Gewerkschaft warnt vor Nein zu Magna" und die IG-Metall „1.280 Arbeitsplätze bei Karmann in Gefahr: Bundeskartellamt entscheidet".

Der Insolvenzverwalter hatte ebenfalls ein großes Interesse an dieser Fusion und selbst für die Automobilhersteller bot die Fusion Vorteile, weil es sich bei den beiden Fusionsparteien um bewährte Partner handelte. Dabei konnten sich die Automobilhersteller aus unserer Sicht gewiss sein, dass selbst wenn es zu fusionsbedingten Preiserhöhungen gekommen wäre, sie diese gleichermaßen getroffen hätten. Sie wären dann gegebenenfalls alle in der Lage gewesen, diese Preiserhöhung an die Verbraucher weiterzugeben, weil bei eingeschränktem Wettbewerb bei Cabriodächern für keinen Automobilhersteller eine Ausweichmöglichkeit bestanden hätte.

In solchen Verfahren kann es schwierig sein, die richtigen Entscheidungen zu treffen. Im konkreten Fall fiel dies auch dem Bundeskartellamt nicht leicht. Daher wurde sehr lange nach einem alternativen Erwerber gesucht. Dieser wurde mit Valmet schließlich auch gefunden. Valmet hat damals – entgegen der Vorhersagen mancher Kritiker – die Beschäftigungssituation in Osnabrück auch stabil gehalten. Aktuellen Medienberichten zufolge wird es nun wohl leider einen Beschäftigungseinbruch geben. Dies ist jedoch nicht auf unsere Entscheidung zurückzuführen, sondern der Tatsache geschuldet, dass der Markt für Cabrios europaweit insgesamt eingebrochen ist.

Ein weiteres Beispiel einer eindrucksvollen Sanierungsfusion war die Fusion zwischen der Frankfurter Allgemeinen Zeitung und der Frankfurter Rundschau. Auch hier musste sich das Bundeskartellamt außerordentlich schwierigen Herausforderungen stellen. So stellte sich die Frage eines alternativen Erwerbskonzepts und hierbei insbesondere, ob ein türkischer Verleger, der mit der Übernahme der Frankfurter Rundschau auch mit seiner regierungskritischen Zeitung Sözcü in Deutschland zu expandieren beabsichtigte, als alternativer Erwerber in Frage kommt. Die Entscheidungen, die in einem solchen Zusammenhang getroffen werden müssen, sind nicht leicht. Sie entstehen unter hohem Entscheidungsdruck. Das Bundeskartellamt hat angesichts der Faktenlage im konkreten Fall die Möglichkeit gehabt, den Weg der Sanierungsfusion tatsächlich zu beschreiten. Auch unter dem Aspekt der Arbeitsplätze wurde dies in der Öffentlichkeit sehr begrüßt. Letzten Endes sind 28 Redakteure übernommen worden, 450 Mitarbeiter haben allerdings ihren Arbeitsplatz verloren. Man sieht an diesem Fall, wie deutlich die Grenzen für das Bundeskartellamt gerade hier in Deutschland sind, Argumente für den Erhalt von Arbeitsplätzen und gegen Arbeitsplatzverluste tatsächlich zu berücksichtigen. Der Fall zeigt auch, dass sich die politischen Erwartungen an Zusammenschlüsse im Hinblick auf die Rettung von Arbeitsplätzen oft nicht erfüllen.

4. Grenzüberschreitende Zusammenschlüsse

Ein besonderes Fallbeispiel im Kontext außerwettbewerblicher Aspekte betrifft grenzüberschreitende Zusammenschlüsse: Die Übernahme von Orsan durch Ajinomoto im Jahre 2003. Hierbei handelte es sich um zwei Unternehmen, die Geschmacksverstärker herstellen. Orsan war damals der einzige Hersteller in Europa. Der Markt wies ein sehr geringes Volumen i. H. v. € 26 Millionen auf. Orsan war eines der wenigen größeren Unternehmen in der Picardie, einem landschaftlich und historisch sehr reizvollen, wirtschaftlich aber strukturschwachen Gebiet in Frankreich. Ohne diese Fusion hätte das Unternehmen Orsan Insolvenz anmelden müssen. Gleichwohl konnte in dem Fusionskontrollverfahren des Bundeskartellamtes nicht mit dem Instrument der Sanierungsfusion gearbeitet werden, weil der europäische Markt durch Antidumpingzölle abgeschottet war. Hätte Orsan, als einziger Anbieter in Europa, die Produktion eingestellt, wären die Antidumpingzölle aufgehoben worden, die Grenzen hätten sich geöffnet und zahlreiche neue Anbieter hätten Europa beliefern können, möglicherweise zu sehr viel preiswerteren Konditionen. So schied das Instrument der Sanierungsfusion aus.

Andererseits mussten wir uns mit schwierigen außenpolitischen Fragen beschäftigen. Die Frage wurde aufgeworfen, ob das Bundeskartellamt nicht die völkerrechtliche Grenze der Untersagungsbefugnis überschreite, ein Einwand, den das Bundeskartellamt verständlicherweise ernst nahm. Gleichzeitig wies der Markt ein sehr geringes Volumen auf. Die französischen Interessen waren zwar ohne Zweifel berührt. Andererseits lagen über 20 % der EU-weiten Gesamtnachfrage in Deutschland. Der wirtschaftliche Schwerpunkt lag damit nicht in Frankreich, sondern in Deutschland. Aber der geographische Schwerpunkt der Folgen dieser Entscheidung lag in wirtschaftlicher und sozialpolitischer Hinsicht natürlich in Frankreich. Das Bundeskartellamt hat hier versucht, mit einer Freigabe unter Auflagen einen wettbewerbskonformen Ausweg aus diesem Dilemma zu finden. Das Vorhaben wurde unter der Bedingung freigegeben, dass Ajinomoto und Orsan sich nicht an der weiteren Einführung und Aufrechterhaltung von Antidumpingzöllen beteiligen. Mit dieser Auflage hat das Bundeskartellamt versucht, einen Mittelweg zwischen der Erhaltung der Arbeitsplätze einerseits und der Aufrechterhaltung des Wettbewerbs andererseits zu finden. Doch auch dieser Weg barg gewisse Schwierigkeiten. Die Europäische Kommission beschwerte sich unmittelbar, dass das Bundeskartellamt Verfahrensrechte sowie Mitwirkungspflichten und -rechte nach EU-Recht einschränken würde. Die Wirksamkeit der Auflagen war begrenzt, weil die Antidumpingzölle später doch wieder eingeführt wurden.

5. Schlussbemerkung

Als Fazit kann festgehalten werden, dass außerwettbewerbliche Aspekte in der Fusionskontrolle in Deutschland nur in einem sehr begrenzten Umfang Einfluss auf Entscheidungen des Bundeskartellamtes nehmen können. Dabei stellen sich erhebliche Herausforderungen auf verschiedenen Ebenen: Der enge Zeitrahmen für fusionskontrollrechtliche Entscheidungen, die hohen Anforderungen an die Ermittlungen komplexer wirtschaftlicher Sachverhalte sowie die Notwendigkeit schwierige und teilweise unpopuläre Entscheidungen in der Presse- und Öffentlichkeitsarbeit den Unternehmen, den Betroffenen, der Politik und der Öffentlichkeit zu erklären. Das Bundeskartellamt versucht dabei, den gesamtwirtschaftlichen Kontext zu beachten und den gesetzlichen Rahmen für Entscheidungsspielräume soweit möglich zu nutzen. Von besonderer Bedeutung ist es dabei, zu vermeiden, dass Partikularinteressen auf der einen Seite und volkswirtschaftliche Interessen auf der anderen Seite gegeneinander ausgespielt werden. In der Summe hat das Bundeskartellamt diesbezüglich sehr wenig Spielraum nach deutschem Recht. Dies ist jedoch beabsichtigt. Meines Erachtens führt dieses System im Ergebnis nach wie vor zu sehr vorhersehbaren und rechtssicheren Entscheidungen.

Außerwettbewerbliche Aspekte bei Fusionskontrollentscheidungen nach dem GWB und der europäischen FKVO

Dr. Frank Montag, LL.M. (Georgia)
Vorsitzender der Studienvereinigung Kartellrecht e. V. und Partner bei Freshfields Bruckhaus Deringer LLP

1. Einleitung

Zum 30-jährigen Bestehen der Monopolkommission fand im Jahr 2004 ein Kolloquium statt, bei dem das Thema „Wettbewerbspolitik und Industriepolitik“ im Nachgang der Ministererlaubnis für den Zusammenschluss EON/Ruhrgas kontrovers diskutiert wurde. Inhaltlich gab es erhebliche Differenzen zwischen den Vertretern der damaligen Monopolkommission und der damaligen Bundesregierung.[1] Heute feiern wir bereits das 40-jährige Bestehen der Monopolkommission. Ein breiter Konsens über das Verhältnis zwischen Wettbewerbspolitik und Industriepolitik ist immer noch nicht erzielt worden. Speziell zur Frage, ob nationale Champions notfalls auch „am Wettbewerbsrecht vorbei“ gefördert werden sollten, hat die Debatte in letzter Zeit sogar wieder neuen Zündstoff erhalten. Politiker verschiedener Parteien prangern die angeblich zu starren Vorgaben des europäischen Wettbewerbsrechts an. Nach dieser Darstellung behindert die rein wettbewerblich orientierte europäische Fusionskontrolle die Entstehung nationaler oder europäischer Champions. Dadurch werde die Wettbewerbsfähigkeit der europäischen Wirtschaft insgesamt geschwächt: die europäische Industrie werde im Vergleich zu Wettbewerbern aus den Schwellenländern benachteiligt; ein Aufholen europäischer Unternehmen gegenüber marktmächtigen US-Anbietern werde verhindert; und europäische Unternehmen würden zu leichter Beute für Übernahmen durch nicht-europäische Investoren.

Solche und ähnliche Argumente wurden z. B. im Fall Deutsche Börse/NYSE Euronext vorgebracht. Im Zusammenhang mit den jüngsten Konsolidierungsprojekten im Mobilfunkbereich hat sich auch Bundeskanzlerin Merkel auf die Seite der Kritiker geschlagen, ich zitiere:

„Marktmacht und Wettbewerb müssen in eine Balance gebracht werden, damit man auch international punkten kann.“[2]

Äußerungen des designierten Kommissionspräsidenten Jean-Claude Juncker kann man in dieselbe Richtung interpretieren.[3] Besonders energisch machte sich vor weniger Monaten der seinerzeitige französische Industrieminister Arnaud Montebourg für europäische Champions stark.[4] Montebourg hatte sich für den Vorschlag eingesetzt, die Aktivitäten von Siemens und Alstom in den Bereichen Energie und Transport zusammenzulegen, um so eine Übernahme von Alstom durch GE abzuwenden. Nachdem dieser Versuch gescheitert war, wurde Montebourg mit folgenden Worten zitiert:

„The rules have to now change after this story, because we need to make champions.“[5]

Wenn man sich an den jüngeren Äußerungen der Bundeskanzlerin und des designierten Kommissionspräsidenten orientiert, dann dürfte sich die Debatte über nationale Champions in nächster Zeit insbesondere auf den Bereich Internet, Software und Telekommunikation konzentrieren. Hier besteht inzwischen bei vielen

---

1 In der Presse wurde dies als „Eklat“ bezeichnet. Dabei warf der damalige Vorsitzende der Monopolkommission (Herr Basedow) der Bundesregierung vor, Wettbewerbspolitik immer stärker durch Industriepolitik zu ersetzen. Hintergrund war die gegen die Empfehlung der Monopolkommission erteilte Ministererlaubnis für E.ON/Ruhrgas und anschließend bestimmte Wechsel von der Politik in die Energiebranche.

2 *Handelsblatt*, Online-Ausgabe vom 7. Mai 2014, abrufbar unter http://www.handelsblatt.com/politik/international/digitale-wirtschaft-merkel-macht-breitbandausbau-zum-europa-thema/9860426.html.

3 Vgl. z. B. Artikel in *Financial Times*, 16 April 2014 - Jean-Claude Juncker seeks to open door for EU telecoms deals.

4 *A. Montebourg*, Towards a model of cooperative capitalism combining competition with solidarity, Concurrences N° 3-2014, S. 5.

5 Zitiert nach *GCR*, Artikel vom 25. Juli 2014 – The European champions league.

Politikern Frustration über die Dominanz von US-Anbietern wie Google, Amazon oder Microsoft, sowie die Furcht vor einer Übernahme europäischer Telekomanbieter durch die vielfach größere US-Konkurrenz (Beispiel AT&T). Die Situation wird verglichen mit den Zeiten, in denen der Markt für Verkehrsflugzeuge fast ausschließlich in amerikanischer Hand war. Damals gelang es den Europäern, mit dem staatlich geförderten Airbus ein Gegengewicht aufzubauen. Dies führt viele zu der Frage, ob wir nicht auch heute mit staatlicher Schützenhilfe, einschließlich einer laxeren Fusionskontrolle, einen europäischen Google oder AT&T fördern sollten.

Vor diesem Hintergrund freut es mich sehr, dass wir zum 40-jährigen Bestehen der Monopolkommission das Thema „Außerwettbewerbliche Aspekte bei Fusionskontrollentscheidungen nach dem GWB und der europäischen FKVO“ diskutieren. Ich will mit einer kurzen Bestandsaufnahme beginnen: inwieweit werden außerwettbewerbliche Belange bereits heute im Rahmen der deutschen und europäischen Fusionskontrolle berücksichtigt? Im Anschluss daran will ich mich der Frage nähern, ob eine Flexibilisierung der europäischen Fusionskontrolle sinnvoll sein könnte, sei es schlicht durch eine pragmatischere Auslegung der geltenden Bestimmungen der FKVO oder durch die Einführung einer politischen Sondererlaubnis nach dem Vorbild der deutschen Ministererlaubnis.

2. Bestandsaufnahme: Berücksichtigung außerwettbewerblicher Belange in der EU und in Deutschland

2.1 Deutschland

In Deutschland sind die Rollen klar verteilt: das Bundeskartellamt ist ausschließlich dem Wettbewerbsschutz verpflichtet, was institutionell durch die Unabhängigkeit der Beschlussabteilungen abgesichert ist. Dafür ist die Berücksichtigung außerwettbewerblicher Belange über das Instrument der Ministererlaubnis im Gesetz ausdrücklich vorgesehen.

In der Praxis sind Ministererlaubnisse jedoch eine Seltenheit geblieben. Bisher gab es insgesamt nur 21 Anträge auf Ministererlaubnis, von denen gerade einmal 8 (teilweise) erfolgreich waren. In nur 4 Fällen hatte die Monopolkommission die Erteilung empfohlen. Die im Jahr 2003 für den Zusammenschluss E.ON/Ruhrgas erteilte Ministererlaubnis wurde in der Öffentlichkeit stark kritisiert. Nach meiner Wahrnehmung hat spätestens dieser Fall dazu geführt, dass ein Antrag auf Ministererlaubnis in der Praxis nur noch in ganz besonders gelagerten Fällen, wie beim Zusammenschluss Universitätsklinikum Greifswald/Kreiskrankenhaus Wolgast, in Betracht gezogen wird. Entsprechend gab es seit 2008 keine neuen Anträge.

2.2 EU

Nach Artikel 2 der FKVO sind Zusammenschlüsse ausschließlich danach zu beurteilen, wie sie sich auf den Wettbewerb auswirken. Eine Berücksichtigung außerwettbewerblicher Belange ist nach dem Wortlaut der FKVO grundsätzlich nicht möglich.[6]

Anders als das Bundeskartellamt ist die Kommission jedoch nicht vollständig unabhängig von politischen Einflüssen. Entscheidungen über Phase 2-Fusionskontrollfälle werden durch das Kollegium aller Kommissare getroffen. Wegen des Rotationsprinzips haben die Mitgliedstaaten in regelmäßigen Abständen einen gewissen Einfluss auf den Wettbewerbskommissar und die Besetzung hochrangiger Stellen bei der Generaldirektion Wettbewerb. In einzelnen, besonders kritischen Fällen dürften politische Gesichtspunkte in der Vergangenheit eine gewisse Rolle gespielt haben. Beispielsweise erteilte die Kommission als Kollegialorgan im

6 Dies ist letztlich das Ergebnis einer 16 Jahre andauernden Debatte. Seit dem ersten Entwurf der FKVO im Jahr 1973 war kontrovers diskutiert worden, ob auch politische Gesichtspunkte im Rahmen der Fusionskontrolle berücksichtigt werden sollten. Im Jahr 1989 hatten sich unter dem Einfluss der Chicago School schließlich die liberalen Kräfte durchgesetzt. Bekannt ist das Zitat des damaligen Wettbewerbskommissars Leon Brittan, wonach der Test sich auf die Aufrechterhaltung wirksamen Wettbewerbs zu beschränken habe, „*with only the smallest nod in the direction of anything else*“.

Fall Mannesmann/Vallorec/DMV entgegen dem gegenteiligen Antrag der Wettbewerbskommissarin die Freigabe des Zusammenschlusses. Nach außen hin wurde kommuniziert, dass das Kollegium die wettbewerblichen Bedenken des Kommissars Karel Van Miert nicht teilte. Tatsächlich dürften politische Gesichtspunkte ausschlaggebend gewesen sein. In anderen Fällen dürfte politischer Druck schon im Vorfeld dazu geführt haben, dass die Generaldirektion Wettbewerb ihre Bedenken zurückzog, etwa bei dem Zusammenschluss Oracle/Sun Microsystems. Umgekehrt könnten im Fall GE/Honeywell politische Gründe jedenfalls mitursächlich für die Untersagung gewesen sein.

Dies sind nach meiner Wahrnehmung jedoch seltene Ausnahmen. In aller Regel können sich politische Einflüsse, die der wettbewerbsrechtlichen Beurteilung zuwiderlaufen, auf europäischer Ebene nicht durchsetzen. In einer ganzen Reihe von Entscheidungen, beginnend mit dem Fall Aerospatiale/Alenia (1991), hat sich die Generaldirektion Wettbewerb mit ihrer rein wettbewerblich orientierten Sichtweise gegen starke Widerstände der Mitgliedstaaten oder einzelner Kommissare durchgesetzt. Beispiele hierfür sind die Fälle Volvo/Scania, Vodafone/Mannesmann (beide 2000), Schneider/Legrand (2002), Arcelor/Mittal (2003) oder zuletzt Deutsche Börse/NYSE Euronext (2012).[7]

2.3 Fazit

Zusammenfassend lässt sich folgendes feststellen: das deutsche Recht hat für den Fall vorgesorgt, dass in einem Einzelfall ausnahmsweise legitime außerwettbewerbliche Interessen existieren, welche dem Interesse an der Erhaltung wirksamen Wettbewerbs zuwiderlaufen und dieses wertungsmäßig sogar überwiegen. Die Ministererlaubnis schafft für diese Fälle ein transparentes Verfahren, das in der Praxis nur sehr selten in Anspruch genommen wird. Das europäische Recht negiert im Ansatz die Existenz legitimer außerwettbewerblicher Interessen, welche eine Freigabe erforderlich machen könnten, und stellt daher kein vergleichbares Instrument zur Verfügung. Politische Interessen finden dennoch in seltenen Fällen Berücksichtigung, dann aber in wenig transparenter Weise als Ergebnis erfolgreichen Lobbyings.

3. Der aktuellen Kritik könnte teilweise durch eine pragmatischere Auslegung der geltenden Fusionskontroll-Vorschriften begegnet werden

Im Ergebnis meine ich, dass wir die von einigen Politikern angestoßene Debatte um angeblich zu strengen EU-fusionskontrollrechtlichen Vorgaben ernst nehmen sollten. Sicher ist hier teilweise auch Populismus oder mangelnde Auseinandersetzung mit der komplexen Materie im Spiel. Einzelne Elemente der Kritik scheinen mir jedoch nicht völlig unberechtigt. Ich habe auch den Eindruck, dass es nicht unbedingt der Einführung einer europäischen Ministererlaubnis bedarf, um in diesen Bereichen den Kritikern entgegenzukommen. Möglicherweise wäre es ausreichend, wenn die existierenden fusionskontrollrechtlichen Vorgaben im Einzelfall pragmatischer ausgelegt würden.

Sicher gibt es öffentliche Belange, für deren Berücksichtigung im Rahmen einer wettbewerbsorientierten Prüfung schlicht kein Raum ist, wie z. B. die Erhaltung von Arbeitsplätzen, die Entlastung öffentlicher

7 In begrenztem Umfang haben die Mitgliedstaaten über Artikel 21 (4) FKVO eine Möglichkeit, die rein wettbewerblich orientierte Herangehensweise der Kommission zu unterminieren. Danach können die Mitgliedstaaten geeignete Maßnahmen zum Schutz nicht-wettbewerblicher „berechtigter Interessen" treffen, sofern diese Interessen mit den allgemeinen Grundsätzen und den übrigen Bestimmungen des Gemeinschaftsrechts vereinbar sind. In der Vergangenheit haben die Mitgliedstaaten wiederholt versucht, auf diese Weise unter dem Vorwand der Sektorregulierung unliebsame Übernahmen zu torpedieren. Ich denke hier etwa an die Interventionen von Polen im Fall *Unicredito/HVB* (2005), Italien im Verfahren *Abertis/Autostrade* (2006), oder den Fall *E.ON/Endesa* (2006). In allen diesen Fällen ist die Kommission, teilweise über Vertragsverletzungsverfahren, energisch gegen die Mitgliedstaaten vorgegangen, konnte aber nicht verhindern, dass das Zusammenschlussvorhaben aufgrund des Widerstands der Mitgliedstaaten in der Praxis aufgegeben wurde. Das jüngste Beispiel ist das im Zusammenhang mit der Übernahme von Alstom durch GE von der französischen Regierung erlassene Décret *Alstom*. In diesem Fall konnte die Regierung den Zusammenschluss zwar nicht verhindern, zwang GE aber zu einer Nachverhandlung und erheblichen Zugeständnissen.

Haushalte oder der Klimaschutz. Dieser Art öffentlicher Interessen könnte nur über eine Ministererlaubnis zur Durchsetzung verholfen werden.

In der aktuellen Debatte um nationale Champions geht es aber vorwiegend um Belange, die durchaus einen Wettbewerbsbezug aufweisen, z. B. das Argument, dass europäische Unternehmen kritische Masse erreichen müssen, um auf dem Weltmarkt erfolgreich zu sein, oder dass Telekom-Unternehmen genügend Gewinne erwirtschaften müssen, um in die Netze investieren zu können. Ich meine, diese Gesichtspunkte sind auch im Rahmen der EU-FKVO berücksichtigungsfähig. Ich will das an drei Beispielen illustrieren.

Die geographische Marktdefinition kann im Einzelfall eine wichtige Stellschraube sein. Bei der Kommission ist – wie bei anderen Kartellbehörden – eine Tendenz zu beobachten, im Zweifel aus Vorsichtsgründen lieber eine kleinteilige Marktdefinition zugrunde zu legen. Eine solche Herangehensweise birgt das Risiko, dass Marktanteile künstlich aufgebläht werden. Unter Umständen wird Konsolidierung dadurch verhindert oder wesentlich erschwert. Das Ergebnis ist, dass dann tatsächlich u. U. im Einzelfall europäische Unternehmen gehindert werden, die Skaleneffekte zu realisieren, die sie benötigen, um im globalen Wettbewerb bestehen zu können. Dieses Risiko sollte die Kommission nicht zu gering einschätzen und stets im Auge behalten. Sie sollten daher im Rahmen der Marktdefinition Argumente für größere Märkte nicht vorschnell verwerfen sondern sehr sorgfältig prüfen.[8]

Qualitätswettbewerb: Die Bundeskanzlerin hat vor Kurzen laut Presseberichten die Einschätzung geäußert, dass „die gesamte Regulierung in Europa (…) zu sehr auf Zersplitterung und niedrige Endkundentarife ausgerichtet (ist) und viel zu wenig auf Investitionen."[9] Richtig ist aus meiner Sicht, dass eine zu starke Fokussierung auf den Preiswettbewerb dem fusionskontrollrechtlichen Prüfstandard nicht gerecht wird. Die Wettbewerbsparameter Qualität und Innovation können von ebenso großer Bedeutung sein. Dies zeigt sich am Beispiel der viel diskutierten Mobilfunk-Zusammenschlüsse. Ist den Verbrauchern wirklich damit gedient, wenn die Endkundenpreise immer weiter fallen, darunter jedoch die Qualität der Netze leidet? Umfragen zeigen, dass Mobilfunkkunden der Netzqualität häufig denselben, teilweise einen höheren Stellenwert einräumen als dem Preis. Geht von einer Konsolidierung die Gefahr einer Preiserhöhung aus, ist gleichzeitig aber eine deutliche Verbesserung der Netzqualität zu erwarten, so sollten beide Elemente im Rahmen der wettbewerblichen Würdigung Berücksichtigung finden.

Schließlich könnte den Kritikern, jedenfalls auf europäischer Ebene, im Einzelfall durch eine beherztere Anerkennung des Effizienzeinwandes entgegengekommen werden. Nach Artikel 2 b) der FKVO ist auch die „Entwicklung des technischen und wirtschaftlichen Fortschritts" ein im Rahmen der wettbewerblichen Prüfung zu berücksichtigender Faktor. Nach Erwägungsgrund 29 ist es „möglich, dass die durch einen Zusammenschluss bewirkten Effizienzvorteile die Auswirkungen des Zusammenschlusses auf den Wettbewerb, insbesondere den möglichen Schaden für die Verbraucher, ausgleichen…". In der Praxis ist es bekanntlich jedoch fast unmöglich, die hohen Anforderungen an die Beweislast zu erfüllen. Die aktuellen Mobilfunk-Zusammenschlüsse können wieder als Beispiel dienen. Unbestritten führt die Zusammenlegung separater Netze im Rahmen einer Konsolidierung zu enormen Kosteneinsparungen. Dadurch werden finanzielle Ressourcen freigesetzt, die zumindest teilweise in den Netzausbau investiert werden können. Die Kommission erkennt diese Kosteneinsparungen jedoch nicht als berücksichtigungsfähige Effizienzen an, da es sich um Fixkosten handelt, bei denen eine Weitergabe an die Verbraucher nicht beweisbar sei. Vor dem Hintergrund der aktuellen Kritik ist zu überlegen, ob hier nicht mit zu kleiner Münze gemessen wird. Nach meiner Auf-

8 Siehe hierzu Zitat *Juncker*: „A first thing we should do is rethink the application of our competition rules in digital markets. […] If we ask companies to offer their networks and services no longer only nationally, but on a continental scale, we should in my view also apply EU competition law with a continental spirit". Dieses Thema war schon Gegenstand öffentlicher Kritik im Anschluss an die Untersagung des Zusammenschlusses von Volvo und Scania. Damals äußerte sich der Schwedische Premierminister *Persson* wie folgt:" (…) there is a structural error in the EU's competition rules".

9 Rede von Bundeskanzlerin *Merkel* zum „Führungstreffen Wirtschaft" der Süddeutschen Zeitung am 21. November 2013.

fassung brauchen wir eine Debatte darüber, wie die Beweisanforderungen auf einen Maßstab zurückgefahren werden können, der nicht nur theoretisch, sondern auch in der Praxis im Einzelfall erfüllt werden kann.[10]

4. Brauchen wir eine „europäische Ministererlaubnis"?

Schließlich stellt sich die Frage, ob es nicht sinnvoll wäre, auch auf europäischer Ebene die Möglichkeit einer politischen Erlaubnis für Zusammenschlussvorhaben nach deutschem Vorbild vorzusehen. Ähnlich wie in Deutschland das Bundeskartellamt könnte die Kommission im Rahmen ihrer rein wettbewerbliche orientierten Prüfung von politischem Druck entlastet werden. Die Zuständigkeit für die politische Erlaubnis wäre auf ein demokratisch legitimiertes Organ zu übertragen, beispielsweise den Rat.

Auf den ersten Blick erscheint diese Idee durchaus interessant. Meines Erachtens hat sich die Ministererlaubnis in Deutschland bewährt. Es dürfte zwar Konsens darüber bestehen, dass in der ganz großen Zahl der Fälle eine Beschränkung der Fusionskontrolle auf rein wettbewerbliche Aspekte ausreichend und zutreffend ist. Die Argumente hierfür sind hinreichend erörtert worden und müssen hier nicht wiederholt werden. Ich meine aber, dass es nicht schlechthin ausgeschlossen werden kann, dass in Ausnahmefällen ein anderes volkswirtschaftliches oder sonstiges öffentliches Interesse noch bedeutsamer sein könnte als das an der Erhaltung wirksamen Wettbewerbs. Nehmen wir nur den Fall der letzten erfolgreichen Ministererlaubnis, Universitätsklinikum Greifswald/Kreiskrankenhaus Wolgast. Durch den Zusammenschluss stieg der Marktanteil des Erwerbers im relevanten Krankenhausmarkt auf 80%. Dem Bundeskartellamt blieb nichts anderes übrig, als den Zusammenschluss zu untersagen. Ohne den Zusammenschluss war jedoch u. a. die langfristige Existenz der medizinischen Fakultät und des angegliederten Universitätsklinikums gefährdet. Nach Einschätzung des Wissenschaftsrates war hierfür eine Mindestgröße erforderlich, welche das Klinikum Greifswald für sich genommen nicht erreichte. Dieser Belang war im Rahmen der rein wettbewerbsrechtlichen Prüfung nicht berücksichtigungsfähig. Ich finde es richtig, dass für solche Sonderfälle die Ministererlaubnis als Korrektiv zur Verfügung steht. Der Umstand, dass Ministererlaubnisse in der Praxis die absolute Ausnahme geblieben sind, belegt, dass das Instrument mit der erforderlichen Zurückhaltung eingesetzt wird.

Genau in diesem letzten Punkt sehe ich eine Übertragung des deutschen Modells in den europäischen Rahmen jedoch kritisch. Der maßvolle Einsatz der Ministererlaubnis in Deutschland ist vor dem Hintergrund unserer stark wettbewerblich orientierten Tradition zu sehen. Länder wie Frankreich, Italien oder Spanien haben bekanntlich eine andere Tradition, die staatliche Eingriffe in den freien Wettbewerb in weit stärkerem Maße befürwortet. Die mitgliedstaatlichen Traditionen erscheinen mir jedenfalls derzeit noch zu heterogen, als dass eine echte Verständigung darauf möglich wäre, in welcher Art von Fällen eine politische Ausnahmeerlaubnis erteilt werden darf. Es besteht die Gefahr, dass die Sondererlaubnis zu einem Einfallstor für die Durchsetzung nationaler Partikularinteressen würde. Im schlimmsten Fall würden Fusionskontrollgenehmigungen zum Gegenstand des politischen Tauschhandels zwischen den Mitgliedstaaten gemacht.

Im Ergebnis denke ich daher, dass nach gegenwärtigem Stand die mit der Einführung einer europäischen Ministererlaubnis einhergehenden Risiken ihre möglichen Vorteile überwiegen.

10 Siehe in diesem Sinn auch OECD Background Paper, S. 30, 45.

Fusionskontrolle und Industriepolitik

Prof. Dr. Ulrich Schwalbe
Inhaber des Lehrstuhls für Mikroökonomie insb. Industrieökonomie der Universität Hohenheim

1. Einleitung

Die Industriepolitik scheint wieder hoffähig geworden zu sein. Nach einigen wenig erfolgreichen Versuchen in den 1980er Jahren, nationale Champions zu etablieren, war es um die Industriepolitik in den letzten Jahren recht still geworden. Seit kurzem jedoch feiert dieser Bereich der Wirtschaftspolitik eine Auferstehung. Stichworte wie „Der Bröckelstaat“[1] oder „Die Deutschland-Illusion“[2] finden sich in den Schlagzeilen nicht nur in der Wirtschaftspresse. Themen wie mangelnde Investitionen in die Infrastruktur und die Schaffung „europäischer Champions“ werden auch in der Öffentlichkeit intensiv diskutiert.[3] Die Politik versucht nun wieder, auch unter Leitsätzen wie „Mehr Industrie wagen!“ durch entsprechende Maßnahmen Einfluss auf die Industriestruktur zu nehmen und die Wettbewerbsfähigkeit der deutschen bzw. der europäischen Industrie zu sichern.[4] Es ist daher nicht verwunderlich, dass diese neuen Entwicklungen sich auch auf die Wettbewerbspolitik auswirken und es ist damit zu rechnen, dass seitens der Politik in nächster Zeit verstärkt versucht werden wird, im Zuge dieser Renaissance der Industriepolitik, auch Einfluss auf Wettbewerbsentscheidungen der Kartellbehörden zu nehmen, wobei dies vor allem den Bereich der Fusionskontrolle betreffen dürfte.

Wettbewerbsfremde Elemente in der Fusionskontrolle sind allerdings kein neues Thema – insbesondere nicht für die Monopolkommission, die sich im Rahmen von Sondergutachten, die im Zuge von Ministererlaubnisverfahren zu erstellen sind, mit Aspekten, wie z. B. Versorgungssicherheit oder strukturpolitischen Fragen, auseinandersetzen muss, die nicht dem Kernbereich wettbewerblicher Überlegungen zuzuordnen sind.

Der vorliegende Aufsatz untersucht die Frage, ob außerwettbewerbliche Aspekte bei Fusionskontrollentscheidungen völlig unberücksichtigt bleiben sollten, d. h., ob diese Entscheidungen immer und ausschließlich unter wettbewerblichen Aspekten getroffen werden sollten oder ob Bedingungen und Gründe denkbar sind, aufgrund derer es sich als sinnvoll erweisen könnte, Entscheidungen über die Freigabe oder die Untersagungen von Zusammenschlüssen aufgrund außerwettbewerblicher Aspekte auch abweichend vom Wettbewerbsprinzip zu treffen.

Der Beitrag ist wie folgt gegliedert: Im zweiten Abschnitt werden die grundlegenden Konzepte eingeführt und es wird deutlich gemacht, dass es sich bei der Frage, ob außerwettbewerbliche Aspekte im Rahmen der Fusionskontrolle – oder allgemein im Rahmen der Wettbewerbspolitik – berücksichtigt werden sollten, um eine normative Frage handelt, die nicht innerhalb der Wirtschaftstheorie beantwortet werden kann, sondern die im Rahmen eines demokratisch legitimierten politischen Prozesses zu klären ist. Ein grundlegendes Problem bei der Berücksichtigung außerwettbewerblicher Aspekte besteht darin, dass es erhebliche konzeptionelle Unterschiede zwischen einer Industriepolitik, die im Folgenden in einem weiten Sinne verstanden wird, und der Wettbewerbspolitik gibt. Der dritte Abschnitt macht deutlich, dass diese konzeptionellen Unterschiede zu erheblichen Konflikten zwischen der Wettbewerbspolitik und außerwettbewerblichen Zielsetzungen führen können. Im vierten Abschnitt wird ein Schema vorgeschlagen, das es ermöglicht, im Rahmen einer systematischen und strukturierten Vorgehensweise darüber zu entscheiden, wie und unter welchen Be-

1 Vgl. *Der Spiegel*, Ausgabe vom 08.09.2014.
2 So der Titel des Buches von *M. Fratzscher* (2014), Carl Hanser, München.
3 Vgl. *Handelsblatt*, Europäische Industriepolitik – eine Vision, Ausgabe vom 02.05.2014.
4 So die Schlagzeile des Handelsblatts vom 23.09.2014, vgl. *Handelsblatt*, Mehr Industrie wagen!, Ausgabe vom 23.09.2014.

dingungen außerwettbewerbliche Aspekte in der Fusionskontrolle berücksichtigt werden können. Der Vorschlag orientiert sich dabei am so genannten Abwägungstest (balancing test), wie er im Rahmen des Aktionsplans Staatliche Beihilfen, der zu weniger und ökonomisch besser fundierten Beihilfen führen soll, eingeführt wurde. Es zeigt sich dabei, dass prinzipiell zwar Situationen denkbar sind, in denen Fusionskontrollentscheidungen aufgrund außerwettbewerblicher Aspekte abweichend vom Wettbewerbsprinzip getroffen werden sollten, die Bedingungen hierfür jedoch derart restriktiv sind, dass solche Konstellationen in der Praxis so gut wie nie vorliegen dürften. Im fünften Abschnitt wird auf einige weitere Aspekte eingegangen, wie die Frage nach einer „Ministeruntersagung“, d. h. dem Verbot einer wettbewerblich unproblematischen Fusion aus wettbewerbsfremden Gründen. Die Arbeit schließt mit einer Zusammenfassung der wesentlichen Aussagen.

2. Wettbewerbs- und Industriepolitik – Normative Aspekte und konzeptionelle Unterschiede

Zu den häufig genannten außerwettbewerblichen oder wettbewerbsfremden Aspekten, die durch einen Zusammenschluss betroffen sein können, gehören z. B. umwelt- und klimapolitische Ziele, Gesundheitsaspekte, strukturpolitische Ziele wie der Schutz mittelständischer Unternehmen oder die Förderung der internationalen Wettbewerbsfähigkeit der deutschen Wirtschaft. Aber auch die Sicherheitspolitik kann dazu gerechnet werden, wenn z. B. die Unabhängigkeit bei der Beschaffung von Rüstungsgütern gewährleistet werden soll. Ebenso können soziale Ziele, wie die Vermeidung von Entlassungen oder ethische Aspekte, bei Fusionskontrollentscheidungen von Bedeutung sein.[5]

Zu Beginn sei darauf hingewiesen, dass a priori zwischen wettbewerbsfremden Zielen und wettbewerbspolitischen Vorstellungen kein Über- oder Unterordnungsverhältnis besteht. Wettbewerb ist a priori nicht wichtiger oder unwichtiger als die Sicherheit der Versorgung der Bevölkerung mit Energie oder der Umwelt- bzw. Klimaschutz. So wäre es beispielsweise sehr wohl denkbar, dass weite Teile der Bevölkerung aus Gründen des Umweltschutzes oder der Versorgungssicherheit bereit sind, gewisse Wettbewerbsbeschränkungen in Kauf zu nehmen und für die dort gehandelten Produkte höhere Preise zu zahlen oder sich mit einer geringeren Auswahl zufrieden zu geben, wenn dadurch das andere, außerwettbewerbliche Ziel des Umwelt- oder Klimaschutzes in einem höheren Grade erreicht wird oder eine sichere Versorgung mit Energie gewährleistet ist.[6] Um zu beurteilen, welches Gewicht im Rahmen einer Entscheidung z. B. dem Ziel des Umweltschutzes zukommen sollte, ist eine normative Setzung erforderlich, die im Rahmen eines demokratisch legitimierten politischen Prozesses zu treffen ist. Dabei ist allerdings zu berücksichtigen, dass der Wettbewerb als Grundprinzip der Wirtschaftsordnung in seiner Substanz nicht in Frage gestellt wird. So gesehen ist hier nicht der Beliebigkeit Tür und Tor geöffnet. Diese normativ gesetzte Gewichtung zwischen den beiden Zielkategorien ist bei einer Berücksichtigung außerwettbewerblicher Aspekte in der Fusionskontrolle von wesentlicher Bedeutung.

Die oben genannten außerwettbewerblichen Ziele, wie Umwelt- und Klimaschutz oder Versorgungssicherheit, weisen darüber hinaus auf einen wesentlichen konzeptionellen Unterschied zwischen Wettbewerbspolitik und einer im weiten Sinne verstandenen Industriepolitik hin. So zielt die Wettbewerbspolitik vor allem darauf ab, sicherzustellen, dass sich der Wettbewerb als ein im Prinzip ergebnisoffener Prozess entfalten kann und diesem Prozess keine konkreten Zielvorgaben vorgeschrieben werden. Damit sich Wettbewerb als Prozess entfalten kann, hat die Wettbewerbspolitik dafür Sorge zu tragen, dass Märkte offengehalten werden, d. h., dass potentielle Wettbewerber die Möglichkeit haben, in den Markt einzutreten und ihn wie-

5 Zu wettbewerbsfremden Elementen in der Fusionskontrolle vgl. z. B. *H. Mische* (2002), Nicht-wettbewerbliche Faktoren in der europäischen Fusionskontrolle, Nomos, Baden-Baden; *C. Opgenhoff* (2001), Die europäische Fusionskontrolle zwischen Wettbewerbsrecht und Industriepolitik, Peter Lang, Frankfurt/Main sowie, insbesondere in Bezug auf „Rescue mergers“, *M. Warler* (2008), Failing Company Defense, Sanierungsfusion und Rescue Merger, Nomos, Baden-Baden.

6 Allerdings ist darauf hinzuweisen, dass eine Aggregation von Präferenzen nur unter bestimmten Bedingungen widerspruchsfrei möglich ist. Vgl. hierzu *K. Arrow* (1953), Social Choice and Individual Values, Princeton University Press, Princeton.

der zu verlassen. Um dies zu gewährleisten, ist es erforderlich, Marktzutrittsschranken möglichst zu beseitigen und durch wettbewerbspolitische Instrumente, wie die Fusionskontrolle, eine Vermachtung von Märkten aufgrund eines übermäßigen externen Unternehmenswachstums zu verhindern.[7] Nur, wenn sichergestellt ist, dass der Wettbewerbsprozess funktioniert, dann kann der Wettbewerb auch seine Aufgabe als Entdeckungsverfahren im Hayekschen Sinne erfüllen, d. h., der Wettbewerb als Prozess bringt neues Wissen, neue Geschäftsmodelle und neue Lösungen für ökonomische Probleme hervor, die nicht von vornherein durch eine politische Zielvorgabe determiniert sind.[8] Aus diesen Gründen kann eine an diesen Prinzipien orientierte Wettbewerbspolitik weder an vorgegebenen Zielen orientiert sein, noch auf den konkreten Einzellfall abstellen, sondern muss allgemeine Rahmenbedingungen vorgeben, unter denen sich der Wettbewerb als Prozess entfalten kann bzw. soll. Wettbewerbspolitik als ein regelgebundenes System ist der „rule of law" unterworfen und ist – auch durch ihre Implementierung durch unabhängige Wettbewerbsbehörden – weitgehend dem politischen Tagesgeschäft und dem Einfluss von Partikularinteressen entzogen.[9] Dies ist vor allem dadurch möglich, weil das Wettbewerbsrecht zumeist mit Verboten arbeitet, aber keine konkreten Verhaltensweisen vorschreibt.[10]

Im Unterschied zur Wettbewerbspolitik zeichnet sich eine aktive Industriepolitik dadurch aus, dass zumeist politisch gewünschte konkrete Ziele vorgegeben sind, die durch einen entsprechenden Eingriff in den Wirtschaftsprozess erreicht werden sollen.[11] Durch entsprechende Maßnahmen – in vielen Fällen durch Subventionen – sollen bestimmte Branchen oder Unternehmen gefördert werden, um z. B. nationale oder europäische Champions zu schaffen, bestimmte strukturpolitische Vorstellungen zu realisieren oder umweltpolitische Ziele zu erreichen.[12] Dies deutet zum einen darauf hin, dass Unternehmen im Rahmen einer Industriepolitik die Möglichkeit haben, durch ein „rent-seeking" zu ihrem eigenen Vorteil Einfluss auf die politischen Entscheidungsträger zu nehmen und zum anderen, dass zwischen einer regelgebundenen Wettbewerbspolitik und einer an konkreten Zielen orientierten Industriepolitik ein grundlegender konzeptioneller Unterschied besteht, der zu fundamentalen Problemen bei einer Integration außerwettbewerblicher Aspekte in die Wettbewerbspolitik führt.

3. Zielkonflikte zwischen Wettbewerbs- und Industriepolitik

Bereits aufgrund der genannten konzeptionellen Unterschiede zwischen Wettbewerbspolitik und Industriepolitik ist davon auszugehen, dass die Verfolgung eines konkreten industriepolitischen Ziels einen Einfluss auf die Funktionsfähigkeit des Wettbewerbs als Prozess, der grundlegenden wettbewerbspolitischen Konzeption, ausüben wird. In aller Regel werden Wettbewerbspolitik und industriepolitische Ziele nicht voneinander unabhängig sein, sondern die Verfolgung eines konkreten industriepolitischen Ziels wird eine Auswirkung auf den Wettbewerb haben. In der überwiegenden Zahl der Fälle wird die Sicherung der Funktionsfähigkeit des Wettbewerbs durch die Wettbewerbspolitik dazu führen, dass auch das industriepolitische Ziel erreicht wird, d. h., man kann in diesen Fällen von einer Zielkomplementarität zwischen Wettbewerbs- und Industriepolitik sprechen: Durch die Verfolgung des wettbewerblichen Zieles wird das industrieökonomi-

7 Ein Unternehmen, das eine marktbeherrschende Stellung dadurch erlangt, weil es bessere Produkte zu attraktiveren Konditionen als seine Konkurrenten anbietet, ist mit dem Konzept der offenen Märkte durchaus vereinbar. Nur wenn es keinen Leistungswettbewerb mehr betreibt und seine Marktmacht missbräuchlich einsetzt, um seine Position zu verteidigen und, z. B. durch die Errichtung strategischer Marktschranken, abzusichern, ist dies problematisch.

8 Vgl. *F. A., v. Hayek* (1969), Freiburger Studien, Mohr-Siebeck, Tübingen.

9 *Monopolkommission* (2004), Hauptgutachten XV, Wettbewerbspolitik im Schatten nationaler Champions, Nomos, Baden-Baden, S. 83.

10 Ibid.

11 Vgl. *H. Mische* (2002), a. a. O., S. 42 f. und die dort angegebene Literatur.

12 Eine Übersicht über die verschiedenen industriepolitischen Konzepte geben *U. Brösse* (1999), Industriepolitik, 2. Aufl., Oldenbourg, München sowie *P. Oberender/F. Daumann* (1995), Industriepolitik, Vahlen, München. Zu den spezifischen Aspekten im europäischen Kontext vgl. *P. Holmes/P. Seabright* (2000), Industrial Policy after Maastricht: What is Possible?, in: Neven, D. Röller, L.H. (Hrsg.), The Political Economy of Industrial Policy in Europe and the Member States, Berlin, S. 39-68 sowie *I. Schmidt/A. Schmidt* (2006), Kap. 5., Europäische Wettbewerbspolitik und Beihilfenkontrolle, 2. Aufl., Vahlen, München.

sche Ziel automatisch mitberücksichtigt. So dürften z. B. in den meisten Fällen Arbeitsplätze am ehesten dann gesichert werden, wenn Unternehmen sich im Wettbewerb – auch gegen Konkurrenz aus dem Ausland – als erfolgreich erweisen, indem sie bessere Produkte in höherer Qualität anbieten können. Wettbewerbspolitik ist in einem solchen Fall – so das klassische Diktum – die beste Form der Industriepolitik.[13] Dies haben auch eine Reihe von empirischen Untersuchungen deutlich gemacht.[14]

In anders gelagerten Situationen ist jedoch damit zu rechnen, dass zwischen wettbewerblichen und industrieökonomischen Zielen Konflikte bestehen, d. h., die Erreichung eines wettbewerblichen Zieles, wie z. B. die Offenhaltung der Märkte, könnte mit einem industriepolitischen Ziel, z. B. dem Umweltschutz oder der Nachhaltigkeit der Ressourcennutzung, im Widerspruch stehen. Wenn derartige Zielkonflikte auftreten, dann wird es sich in der Regel entweder um Fälle eines Marktversagens oder aber um ein Verteilungsproblem handeln. Ökonomen sind sich einig, dass ein Marktversagen ein Grund sein kann, in den Marktprozess durch wirtschaftspolitische Maßnahmen, einzugreifen. Dies wird auch in der Beihilfenkontrolle im Rahmen des „Aktionsplans staatliche Beihilfen" so gehandhabt. Beihilfen werden nur dann als gerechtfertigt angesehen, wenn sie geeignet sind, ein Marktversagen zu verringern oder zu beseitigen.[15]

Im Prinzip könnte der Fall vorliegen, dass durch einen wettbewerbsbeschränkenden Zusammenschluss ein Marktversagen gemindert werden kann. Dies kann an dem extremen Beispiel einer Fusion zum Monopol verdeutlicht werden. Angenommen, in einem Markt produzieren zwei Unternehmen mit einer Technologie, die zu Schadstoffemissionen führt, wobei die Menge der emittierten Schadstoffe mit der Produktionsmenge zunimmt. Schließen sich die beiden Unternehmen zusammen, so entsteht zwar ein Monopol, aber die Schadstoffemissionen in einem monopolistischen Markt sind im Allgemeinen geringer als ceteris paribus in einem ansonsten gleichen Markt, in dem zwei oder mehr Firmen im Wettbewerb stehen. Ein Monopol wird versuchen, durch eine geringere Angebotsmenge den Preis in die Höhe zu treiben, um seinen Gewinn zu maximieren. Diese geringere Angebotsmenge führt aber gleichzeitig zu einem geringeren Ressourcenverbrauch und damit zu weniger Emissionen.[16] Ein ähnliches Problem stellt sich bei der Nutzung erschöpfbarer Ressourcen. Hier würde Wettbewerb in vielen Fällen zu einer ineffizienten Übernutzung der Ressourcen führen – man spricht hier von einem Allmende-Problem. In diesen Fällen führt ein unbeschränkter Wettbewerb nicht zu einem effizienten Ergebnis, der Markt als Allokationsmechanismus versagt und durch Eingriffe in den Markt können allokative Verbesserungen erreicht werden.[17] Auch könnte ein Zusammenschluss zur Entstehung oder Verstärkung einer marktbeherrschenden Stellung führen, aber diese marktbeherrschende Stellung könnte sich als sinnvoll erweisen, wenn man die Versorgungssicherheit mit wichtigen Rohstoffen gewährleisten möchte. In diesem Fall könnte ein überragendes Interesse der Allgemeinheit an einer sicheren Energieversorgung vorliegen, sodass eine aus wettbewerblichen Gründen eigentlich zu untersagende Fusion aufgrund außerwettbewerblicher Aspekte freigegeben wird.

Aber Zielkonflikte zwischen Wettbewerbspolitik und Industriepolitik können auch dann auftreten, wenn der Marktmechanismus zwar zu einem effizienten, aber aus politischen Gründen nicht gewünschten Marktergebnis führt, wie dies z. B. bei Verteilungsfragen der Fall sein kann. Während die Wirtschaftswissenschaft vor allem Aussagen zu Effizienz macht, sind Fragen der Verteilung in der Regel nicht Gegenstand der Wirtschaftstheorie, da das Pareto-Kriterium, das üblicherweise herangezogen wird, um die Effizienz von Alloka-

13 Vgl. *Monopolkommission* (2004), a. a. O., S. 82.

14 Vgl. *M. E. Porter* (1998), The Competitive Advantage of Nations, Free Press, New York.

15 Vgl. *Europäische Kommission* (2005), Aktionsplan staatliche Beihilfen, abrufbar unter: http://ec.europa.eu/competition/state_aid/reform/archive.html, S. 7.

16 Dies gilt dann, wenn die von den Unternehmen eingesetzte Technologie die gleiche ist. Die Aussage gilt nicht mehr unbedingt, wenn z. B. das monopolistische Unternehmen eine Technologie verwendet, die mehr Schadstoffe emittiert.

17 Hier könnte jedoch auch argumentiert werden, dass die Eigentumsrechte an den Ressourcen nicht hinreichend spezifiziert sind. Gäbe es klar definierte Eigentumsrechte an diesen Ressourcen, dann käme es auch zu keinem Marktversagen.

tionen zu beurteilen, bewusst so konstruiert ist, dass Fragen der Verteilung ausgeklammert werden. Verteilungsfragen sind normative Fragen, zu deren Beantwortung notwendigerweise Werturteile mit einfließen müssen.

Prinzipiell ist in diesem Kontext auch eine Situation denkbar, in der ein wettbewerbspolitisch unproblematischer Zusammenschluss aufgrund wettbewerbsfremder Erwägungen, z. B. aus sicherheitspolitischen Gründen, untersagt würde: So könnte ein Zusammenschluss von zwei Rüstungsunternehmen unter Umständen erhebliche Effizienzgewinne in Form von signifikanten Verringerungen der Grenzkosten der Produktion mit sich bringen, sodass die Fusion aus ökonomischen Gründen freigegeben werden könnte. Wenn es sich jedoch z. B. um einen Zusammenschluss mit einem ausländischen Unternehmen handelt, dann wäre die Fusion aus sicherheitspolitischen Gründen unter Umständen zu untersagen, da die nationale Unabhängigkeit bei der Beschaffung von Rüstungsgütern nicht mehr gewährleistet wäre. Hier müsste eine aus ökonomischen Gründen sinnvolle und wünschenswerte Fusion aufgrund des außerwettbewerblichen Aspektes der Unabhängigkeit in der Versorgung mit Rüstungsgütern untersagt werden.

Diese Beispiele machen deutlich, dass zwischen wettbewerblichen und außerwettbewerblichen Aspekten gravierende Zielkonflikte auftreten können und es stellt sich die Frage, wie zwischen diesen Aspekten abzuwägen ist. Je nach dem Gewicht, das man den industrieökonomischen Zielen der Versorgungssicherheit oder der nationalen Unabhängigkeit beimisst, können Fusionskontrollentscheidungen auch abweichend von einer rein wettbewerblichen Beurteilung getroffen werden.

Diese Abwägung zwischen den wettbewerblichen und den außerwettbewerblichen Aspekten erfordert normative Wertungen und kann nicht innerhalb der Wirtschaftswissenschaften vorgenommen werden. Allerdings kann man im Rahmen von Fusionskontrollverfahren versuchen, mithilfe ökonomischer Erwägungen ein Verfahren zu entwickeln, um mit diesen außerwettbewerblichen Aspekten in einer strukturierten und systematischen Form umzugehen.

Im Folgenden wird daher vorgeschlagen, ein systematisches Verfahren anzuwenden, das sich konzeptionell an den Abwägungstest in der Beihilfenkontrolle, wie es im Kontext des „Aktionsplan Staatliche Beihilfen" vorgeschlagen wurde, zu orientieren.[18]

4. Abwägungstest zur Berücksichtigung außerwettbewerblicher Aspekte in der Fusionskontrolle

Wenn außerwettbewerbliche Aspekte im Rahmen eines Zusammenschlussverfahrens überprüft werden sollen, dann sind hierfür im Wesentlichen zwei grundlegende institutionelle Ausgestaltungen denkbar. Entweder käme ein einstufiges Verfahren in Betracht, bei dem die Wettbewerbsbehörde nicht nur die Auswirkungen der Fusion auf den Wettbewerb berücksichtigt, sondern gleichzeitig auch außerwettbewerbliche Aspekte. Dies würde jedoch zur Folge haben, dass automatisch jedes Zusammenschlussverfahren dahingehend geprüft werden müsste, ob im vorliegenden Fall wettbewerbsfremde Aspekte von Bedeutung sind. Dies wäre jedoch insofern problematisch, da dadurch zum einen die Arbeitsbelastung der Wettbewerbsbehörde in signifikantem Maße zunehmen würde und zum anderen müsste in diesen Institutionen auch eine entsprechende Kompetenz geschaffen werden, sodass alle denkbaren wettbewerbsfremden Aspekte bedacht und beurteilt werden könnten. Dies würde zu einem erheblichen Aufwand an Ressourcen führen, der für die eigentlichen Aufgaben einer Kartellbehörde sinnvoller eingesetzt werden könnte.

18 Zum Abwägungstest vgl. *J. Haucap/U. Schwalbe* (2011), Ökonomische Grundlagen der Beihilfenkontrolle, in: Säcker, F.J., Montag, F. (Hrsg.), Münchener Kommentar zum Wettbewerbsrecht, Bd. III, C.H. Beck, München, S. 10-52 sowie *H.W. Friederiszick/L.-H. Röller/V. Verouden* (2008), European State Aid Control: An Economic Framework, in: Buccirossi, P. (Hrsg.), Handbook of Antitrust Economics, MIT Press, Cambridge, Mass. 625-669. Im Grunde wird eine Abwägung zwischen den wettbewerblichen und den außerwettbewerblichen Aspekten bei Fusionskontrollentscheidungen im Rahmen eines Ministererlaubnisverfahrens durch die Monopolkommission vorgenommen.

Alternativ käme ein zweistufiges Verfahren in Betracht, bei dem nur im Falle einer Untersagung die betroffenen Unternehmen die Möglichkeit haben, durch entsprechende Argumente auf außerwettbewerbliche Aspekte hinzuweisen, die einer Untersagung entgegenstehen könnten und unter Berücksichtigung dieser Argumente eine erneute Überprüfung des Falles vorgenommen wird. Dies wäre allein aus Effizienzgründen gegenüber einem einstufigen Verfahren vorzuziehen, da nur die Verfahren einer entsprechenden Untersuchung unterzogen würden, bei denen wettbewerbsfremde Aspekte von gewisser Bedeutung sein könnten. Hinzu kommt, dass durch ein solches zweistufiges Verfahren eine klare Trennung der wettbewerblichen und wettbewerbsfremden Gesichtspunkte institutionell vorgegeben ist, was zu einer Transparenz bei der Abwägung zwischen den beiden durch normative Setzung entsprechend gewichteten Aspekte führt. Ein solches Vorgehen ist nach § 42 GWB durch die Möglichkeit der Ministererlaubnis im deutschen Wettbewerbsrecht realisiert.

Während sich das Bundeskartellamt in seiner Untersuchung von Fusionsfällen auf die Beurteilung der wettbewerblichen Auswirkungen des Zusammenschlusses beschränkt, finden im Zuge eines Ministererlaubnisverfahrens die außerwettbewerblichen Aspekte Berücksichtigung. Hier hat die Monopolkommission nach § 42 Abs. 4 Satz 2 GWB zwischen den vom Bundeskartellamt ermittelten wettbewerblichen Wirkungen des Zusammenschlusses und den außerwettbewerblichen Aspekten, wie den gesamtwirtschaftlichen Vorteilen oder einem überragenden Interesse der Allgemeinheit, abzuwägen und im Rahmen eines Sondergutachtens dazu Stellung zu nehmen, welcher der beiden Aspekte das Übergewicht hat.

Um eine solche Abwägung zwischen wettbewerblichen und wettbewerbsfremden Aspekten in einer strukturierten und systematischen Form vorzunehmen, wird im Folgenden vorgeschlagen, einen Abwägungstest (balancing test) entsprechend demjenigen in der Beihilfenkontrolle zu verwenden, mit dessen Hilfe beurteilt wird, ob in einem gegebenen Fall staatliche Beihilfen gewährt werden können.

Ein solches systematisches Vorgehen würde bei Fusionsfällen, in denen außerwettbewerbliche Aspekte bedeutsam sein könnten und z. B. von den Parteien vorgebracht werden, in einem ersten Schritt überprüfen, ob zwischen wettbewerblichen und außerwettbewerblichen Aspekten überhaupt ein Zielkonflikt vorliegt. Wenn dies nicht der Fall ist, d. h., wenn die Ziele komplementär zueinander sind oder eine Zielneutralität besteht, dann kann über den Zusammenschluss nach rein wettbewerblichen Kriterien entschieden werden. Durch eine Fusionskontrollentscheidungen aufgrund wettbewerblicher Kriterien wird automatisch sichergestellt, dass entweder auch die industriepolitischen Zielsetzungen gefördert werden oder dass diese Ziele durch eine an Wettbewerbskriterien orientierte Entscheidung weder positiv noch negativ betroffen sind. In einem solchen Fall wären die vorgebrachten Argumente zurückzuweisen und die Entscheidung des Bundeskartellamtes bliebe unverändert.

Eine solche Zielkomplementarität bzw. Zielneutralität dürfte in der überwiegenden Zahl der Fälle gegeben sein. Auch das Argument der Sicherung von Arbeitsplätzen oder der internationalen Wettbewerbsfähigkeit ist in diesem Kontext nicht überzeugend. Zwar könnten durch einen Zusammenschluss mit einem ineffizienten Unternehmen bei einer kurzsichtigen Betrachtungsweise scheinbare Vorteile, wie eine kurzfristige Vermeidung von Entlassungen, vorhanden sein – mittel- oder langfristig hingegen kann durch einen solchen Zusammenschluss keine nachhaltige Sicherung von Arbeitsplätzen erfolgen. Das Ausscheiden eines ineffizienten Unternehmens aus dem Markt ist kein Marktversagen, sondern zeigt im Gegenteil die Wirksamkeit des Wettbewerbsprozesses. Dies gilt in ähnlicher Weise auch für die „internationale Wettbewerbsfähigkeit" eines Unternehmens, die in der Regel nicht durch exogenes Unternehmenswachstum und die Schaffung oder Erhöhung von Marktmacht gewährleistet werden kann. Dies haben auch empirische Untersuchungen deutlich gemacht, sodass konstatiert werden kann, dass eine aktive Wettbewerbspolitik die beste Politik zur Erreichung dieser Ziele darstellt.[19] Um die in einem solchen Fall für die Betroffenen unbestreitbar auftretenden

19 Vgl. *M.E. Porter* (1998), a. a. O.

Härten zu mildern, sollten andere Instrument der Wirtschaftspolitik eingesetzt werden als die Freigabe einer wettbewerbsbeschränkenden Fusion.

Sollte hingegen festgestellt werden, dass zwischen den wettbewerblichen und den außerwettbewerblichen Aspekten ein Zielkonflikt vorliegt, dann ist in einem zweiten Schritt die Frage zu stellen, ob eine Freigabe einer aus wettbewerblichen Gründen zu untersagenden Fusion (oder die Untersagung einer aus wettbewerblichen Gründen eigentlich freizugebenden Fusion) überhaupt geeignet ist, das außerwettbewerbliche Ziel zu erreichen. Dies könnte z. B. im Bereich des Umweltschutzes der Fall sein, wie im oben angeführten Beispiel mit der Verringerung von Schadstoffemissionen. Aber selbst wenn sich erweisen sollte, dass durch einen Zusammenschluss das außerwettbewerbliche Ziel im Prinzip erreicht werden kann, darf daraus nicht unmittelbar der Schluss gezogen werden, dass eine wettbewerbsbeschränkende Fusion aus diesem Grunde freigegeben werden sollte. Ein Beispiel dafür wäre die Verringerung von Schadstoffemissionen durch eine wettbewerbsbeschränkende Fusion. Dies könnte zwar zur Erreichung des umweltpolitischen Zieles beitragen aber eine wettbewerbsbeschränkende Fusion dürfte sich kaum als das geeignetste Instrument erweisen, um ein solches Marktversagen zu vermeiden.

In diesem Beispiel und in der überwiegenden Zahl der Fälle von Zielkonflikten zwischen wettbewerblichen und wettbewerbsfremden Aspekten wäre es eher sinnvoll, dieses außerwettbewerbliche Ziel durch andere wirtschaftspolitische Maßnahmen zu erreichen, wie z. B. durch sozial- oder verteilungs- oder umweltpolitische Instrumente, durch entsprechende sozialpolitische Maßnahmen oder Steuern, durch die Ausgabe von Zertifikaten bzw. durch Auflagen als durch die Freigabe einer wettbewerbsbeschränkenden Fusion. In aller Regel wird ein wettbewerbsbeschränkender Zusammenschluss ein Marktversagen oder ein verteilungspolitisches Ziel nicht so gut lösen wie ein Instrument, das das Problem direkt adressiert. Wenn sich also eine Fusion zur Erreichung des außerwettbewerblichen Zieles als ungeeignet erweist oder es hierzu überlegene Instrumente gibt, dann sollte die Fusion ausschließlich anhand wettbewerblicher Kriterien beurteilt werden und die Entscheidung des Bundeskartellamtes bliebe auch in einem solchen Fall bestehen.

Aber selbst in den vermutlich sehr seltenen Fällen, in denen sich eine Fusion als geeignetstes und effektivstes Instrument zum Erreichen des außerwettbewerblichen Zieles erweisen sollte, bedeutet dies noch nicht, dass die Fusion freizugeben wäre. In diesem Fall wäre in einem dritten Schritt, dem eigentlichen Abwägungstest, zu überprüfen, ob die negativen Auswirkungen der durch die Fusion herbeigeführten wettbewerbsbeschränkenden Effekte geringer sind als die positiven Wirkungen, die durch das Berücksichtigen des außerwettbewerblichen Aspektes erzielt werden. Wenn also durch den Zusammenschluss mit erheblichen unilateralen oder koordinierten Effekten zu rechnen ist, aber das außerwettbewerbliche Ziel von eher untergeordneter Bedeutung ist, dann wäre der Preis, den man für das Erreichen dieses Zieles zahlt, zu hoch. Nur wenn eine Kosten-Nutzen Analyse zeigt, dass die wettbewerbsbeschränkenden Wirkungen durch die positiven Effekte einer besseren Berücksichtigung des außerwettbewerblichen Zieles mehr als kompensiert werden, dann sollte eine an sich wettbewerbsbeschränkende Fusion aufgrund solcher Aspekte freigegeben werden.

Insgesamt gesehen zeigt sich, dass außerwettbewerbliche Aspekte bei Fusionskontrollentscheidungen im Prinzip berücksichtigt werden könnten. Allerdings sind die Bedingungen, unter denen dies zutreffen würde, so restriktiv, dass sie in der Praxis wohl kaum jemals erfüllt sein dürften. So muss zum einen das Abweichen von einer an wettbewerblichen Kriterien orientierten Entscheidung der effizienteste Weg sein, das außerwettbewerbliche Ziel zu erreichen und zweitens muss der daraus resultierende Nutzen größer sein als die Kosten, die durch ein solches Abweichen vom Wettbewerbsprinzip verursacht werden.

5. Weitere Aspekte

Wenn ein Zusammenschluss, der aufgrund der zu erwartenden wettbewerblichen Wirkungen von der Wettbewerbsbehörde untersagt wurde, im Rahmen eines Ministererlaubnisverfahrens wegen eines überragenden

Interesses der Allgemeinheit dennoch freigegeben werden kann, so könnte die Frage gestellt werden, ob auch ein umgekehrtes Vorgehen ermöglicht werden sollte, d. h., sollte, analog zur Ministererlaubnis, auch die Möglichkeit einer Ministeruntersagung geschaffen werden? Dies bedeutet, dass eine Fusion, die keine signifikanten unilateralen oder koordinierten Effekte erwarten lässt, aufgrund außerwettbewerblicher Aspekte untersagt werden könnte.

Dies könnte an folgendem Beispiel illustriert werden: Aus Gründen der Effizienz wäre ein Zusammenschluss von zwei Unternehmen aus ökonomischer Sicht zu befürworten, da durch die Fusion erhebliche Effizienzgewinne realisiert würden, die sowohl die Unternehmen als auch die direkten Abnehmer und schließlich auch die Endverbraucher besser stellen würde. Allerdings könnte die Fusion gleichzeitig auch dazu führen, dass – wie im oben angeführten Beispiel von zwei Rüstungsunternehmen – verteidigungspolitische Ziele gefährdet wären, wie z. B. die Unabhängigkeit bei der Beschaffung von Rüstungsgütern.[20]

In diesem Fall müsste jede aufgrund der nicht vorhandenen oder geringen wettbewerblichen Effekte freigegebene Fusion daraufhin untersucht werden, ob einer Freigabe möglicherweise außerwettbewerbliche Gründe entgegenstehen. Abgesehen davon, dass dies vermutlich erheblich rechtliche Probleme aufwerfen dürfte, scheint eine solche Möglichkeit auch aus ökonomischen Gründen wenig sinnvoll. So müsste im Prinzip jede Fusion, die vom Bundeskartellamt freigegeben wurde, einer erneuten Prüfung unterzogen werden, was die bereits in Abschnitt 5 erwähnten Probleme aufwerfen würde. Die Möglichkeit einer Ministeruntersagung, die sich vielleicht in extremen Einzelfällen als sinnvoll erweisen könnte, wäre jedoch unter Umständen auch ein Einfallstor für weitere Eingriffe in den Wettbewerbsprozess durch die Politik: Wenn Fusionen aufgrund außerwettbewerblicher Aspekte genehmigt oder untersagt werden können, dann liegt die Vermutung nahe, dass über die Fusionskontrolle hinausgehend z. B. auch Forderungen nach der Zerschlagung bestehender Unternehmen aufgrund wettbewerbsfremder Aspekte erhoben werden. Entsprechende Aussagen finden sich bereits heute zumindest ansatzweise in Bezug auf Internetunternehmen wie Google, das durch attraktive Angebote im Zusammenwirken mit bestimmten ökonomischen Gesetzmäßigkeiten eine an sich unproblematische marktbeherrschende Stellung erreicht hat. Ein diffuses Unbehagen und keine nüchterne wettbewerbsökonomische Analyse steht oftmals unausgesprochen hinter solchen Forderungen. Und wenn große Unternehmen aufgrund wettbewerbsfremder Gründe zerschlagen werden können, warum sollten aus entsprechenden Gründen, wie z. B. dem „überragenden Interesse der Allgemeinheit" an der Schaffung nationaler oder europäischer Champions nicht auch Zusammenschlüsse durch die Politik herbeigeführt werden? Eine solche Entwicklung liefe im Prinzip auf die bewusste Gestaltung von Markt- und Industriestrukturen hinaus, was in klarem Widerspruch zu den grundlegenden Prinzipien einer wettbewerblichen Marktwirtschaft stünde. Aus diesen Gründen scheint – von rechtlichen Problemen abgesehen – eine Ministeruntersagung kein sinnvolles Instrument der Wettbewerbspolitik.

6. Fazit

Die Untersuchung hat deutlich gemacht, dass sich aus ökonomischer Sicht die Berücksichtigung außerwettbewerblicher Ziele im Rahmen von Fusionskontrollentscheidungen als sinnvoll erweisen könnte. Eine solche Analyse sollte in einer systematischen und strukturierten Weise vorgenommen werden, wobei die Abwägung zwischen wettbewerblichen und wettbewerbsfremden Aspekten analog zum Abwägungstest in der Beihilfenkontrolle erfolgen sollte. Hier wäre zuerst zu untersuchen, ob ein Zielkonflikt vorliegt und, wenn dies der Fall sein sollte, ob ein Zusammenschluss geeignet wäre, das außerwettbewerbliche Ziel zu erreichen und ob er das dazu am besten geeignete Instrument ist. In aller Regel wird sich eine Fusion hierzu entweder als ungeeignet erweisen oder es stehen bessere, geeignetere Instrumente zur Verfügung oder die Kosten, die durch die Beschränkung des Wettbewerbs verursacht werden, sind höher als der Nutzen, der sich durch eine bessere Zielreichung realisieren lässt. Nur in wenigen extremen Ausnahmesituationen könnte eine aus wettbewerblichen Gründen untersagte Fusion aufgrund wettbewerbsfremder Aspekte freigegeben werden. Insti-

20 In diesem Fall stünden im Rahmen des Außenwirtschaftsgesetzes rechtliche Instrumente zur Verfügung, einen Zusammenschluss zu untersagen, der wesentliche Sicherheitsinteressen der Bundesrepublik gefährden würde.

tutionell wäre hierfür ein zweistufiges Verfahren sinnvoll, wie es in Deutschland durch die Ministererlaubnis im Zusammenhang mit der Stellungnahme der Monopolkommission realisiert ist.

Es scheint aus ökonomischer Sicht auch nicht sinnvoll, analog zur Ministererlaubnis eine Ministeruntersagung oder ein vergleichbares Instrument einzuführen. Dazu müsste im Prinzip jede freigegebene Fusion einer weiteren Kontrolle unterzogen werden, was unverhältnismäßig wäre. Außerdem stehen für bestimmte Fälle bereits andere gesetzliche Regelungen zur Verfügung und ein solches Instrument könnte einer Tendenz zu einer bewussten Gestaltung von Industriestrukturen durch die Politik Vorschub leisten.

Alternativen der verfahrensrechtlichen Ausgestaltung: Ministererlaubnis oder einheitliches Verfahren?

*Prof. Dr. Dr. h.c. mult. Jürgen Basedow, LL.M. (Harvard)**

Direktor am Max-Planck-Institut für ausländisches und internationales Privatrecht und Professor an der Universität Hamburg, ehemaliger Vorsitzender der Monopolkommission

Das Thema dieses dritten Podiums weist auf den historischen Kern der Aufgaben der Monopolkommission hin. Die Monopolkommission wurde durch die zweite Novelle zum Gesetz gegen Wettbewerbsbeschränkungen von 1973 geschaffen. Ihre Gründung steht in unmittelbarem Zusammenhang mit der Einführung der materiellen Fusionskontrolle durch dasselbe Gesetz. Bekanntlich gewährt § 42 GWB Unternehmen, denen ein Zusammenschluss durch das Bundeskartellamt untersagt wird, das Recht, bei dem Bundesminister für Wirtschaft eine Ausnahmeerlaubnis zu beantragen. Vor der Entscheidung über einen solchen Antrag hat der Minister gemäß § 42 Abs. 4 Satz 2 GWB eine Stellungnahme der Monopolkommission einzuholen. Die Befassung der Monopolkommission ist also obligatorisch, dies freilich erst seit der vierten GWB-Novelle von 1980; zuvor war sie fakultativ.

Die Verbindung zu dem Gesamtthema dieses Symposiums – dem politischen Einfluss auf Wettbewerbsentscheidungen – ergibt sich aus der Natur von Unternehmenszusammenschlüssen. Anders als das Geschäftsgebaren marktbeherrschender Unternehmen und anders auch als Kartelle betreffen Zusammenschlüsse nicht nur das *Verhalten* der beteiligten Unternehmen auf den Märkten, sondern die *Struktur* dieser Märkte. Manche Zusammenschlüsse sind geeignet, neue Machtzentren entstehen zu lassen, die der Verwirklichung politischer Ziele aller Art abträglich, aber auch förderlich sein können. Wo der Zusammenschluss solchen politischen Zielen entgegensteht, kann seine Untersagung durch die Kartellbehörde wirksame Abhilfe schaffen. Der Schutz des Wettbewerbs verläuft hier gleichsam synchron mit dem Wunsch, solche außerwettbewerblichen Ziele zu fördern. Was aber, wenn der Zusammenschluss zwar den Wettbewerb beeinträchtigt und deshalb zu untersagen ist, aber die Verwirklichung solcher politischen Ziele durchaus begünstigen würde? Wenn also Wettbewerbsschutz und außerwettbewerbliche Ziele konträr zueinander stehen?

Dabei sind die fraglichen Ziele sehr unterschiedlicher Natur. Manchmal geht es um die Konstituierung eines „national champion", der auf den Weltmärkten mitreden kann, oder um den Erhalt einer nationalen Rüstungsindustrie in einer strategischen militärpolitischen Perspektive. In den Ministererlaubnisverfahren der Jahre 2000-2008, an denen ich als Mitglied der Monopolkommission beteiligt war, wurden zahlreiche weitere Gemeinwohlvorteile geltend gemacht: regelmäßig waren das Beschäftigungseffekte, in der Energiewirtschaft die Versorgungssicherheit sowie umwelt- und klimapolitische Ziele; im Pressesektor die Sicherung publizistischer Vielfalt; bei Krankenhausfusionen die Gewährleistung einer ortsnahen medizinischen Versorgung sowie deren Verbesserung, ferner die Entlastung öffentlicher Haushalte, die Förderung regionalpolitischer Zielsetzungen und schließlich sogar der Erhalt eines Hochschulstandorts. Wie können solche Ziele in einem Fusionskontrollverfahren Berücksichtigung finden?

Eine erste Option bestünde darin, der Kartellbehörde ihre Beachtung aufzugeben. Sie müsste dann beispielsweise entscheiden, ob die Untersagung einer Pressefusion zum Marktaustritt der beteiligten Zeitungen führt, ob also die publizistische Vielfalt durch die Untersagung beeinträchtigt wird und ob dieser Verlust höher zu bewerten ist als die Beschränkung des Wettbewerbs infolge einer – genehmigten – Fusion. Oder sie müsste entscheiden, ob der Erhalt einer Universitätsklinik am Standort Greifswald wichtiger ist als die Einschränkung der Wahlmöglichkeiten der Patienten in Vorpommern, die sich aus der Fusion dieser Klinik mit einem benachbarten Kreiskrankenhaus ergibt. Ist das Bundeskartellamt aber zu solchen Entscheidungen legitimiert?

* Die Redeform wurde beibehalten.

Die Frage stellen heißt, sie zu verneinen. Es gibt keine zwingenden Kriterien für die Priorisierung von Wettbewerb und anderen politischen Zielen, keine Kriterien, die im Wege der *Rechts*anwendung zu eindeutigen Ergebnissen führen. Zielprioritäten zu bestimmen, ist vielmehr Aufgabe der Politik, die dafür demokratisch legitimiert ist. Eine Verwaltungsbehörde kann diese Aufgabe nur wahrnehmen, wenn sie im Wege der Weisungsabhängigkeit in die Behördenhierarchie eingebunden ist, wenn also letztlich die Regierung die Verantwortung für das Handeln der Behörde trägt. Gerade dies ist aber beim Bundeskartellamt nicht der Fall. Aus guten Gründen ist es zwar allgemeinen Weisungen des Bundesministers für Wirtschaft unterworfen, nicht aber konkreten Weisungen im Einzelfall. Seine selbständige und unabhängige Stellung kommt auch in der gerichtsähnlichen Zuweisung der Entscheidungstätigkeit an Beschlussabteilungen zum Ausdruck. Sie wäre in Gefahr, wenn das Amt hinsichtlich der Priorisierung der Ziele in der Fusionskontrolle Weisungen des Ministers unterläge.

Eine zweite Option besteht darin, dass das Wirtschaftsministerium selbst das gesamte Verfahren der Zusammenschlusskontrolle durchführt, also einschließlich der Ermittlung des Sachverhalts und der Anwendung des Wettbewerbsrechts; in diesem Rahmen könnte es dann auch konkurrierenden Wertungen Raum geben. Damit würde dann freilich der sachliche Zusammenhang zwischen Kartell- und Missbrauchsaufsicht einerseits und Fusionskontrolle andererseits aufgegeben. Während der Zuschnitt der Beschlussabteilungen des Bundeskartellamts auf einzelne Branchen die spezifische Marktkenntnis der Beteiligten erhöhen soll, würde die Abtrennung der Fusionskontrollverfahren gerade das Gegenteil bewirken. Sie würde auch einen Bruch der Strukturen bedeuten: während über Kartell- und Missbrauchsvorwürfe in gerichtsähnlichen Verfahren bei weitgehender Unabhängigkeit der Beschlussabteilungen entschieden würde, läge die Entscheidung über die Fusionskontrolle bei weisungsabhängigen Beamten in einem hierarchisch geordneten Ministerium. Dort würde vermutlich „kurzer Prozess“ gemacht. Denn fusionierende Unternehmen werben nicht selten schon vor der Fusion im politischen Raum um die Billigung des Ministers. Wenn sie einmal gegeben ist, und sei es auch nur mündlich, wird eine Fusionskontrollentscheidung aus dem Ministerium selbst leicht zu einem raschen „Abnicken“; eine eingehende Prüfung der Gefahren für den Wettbewerb findet dann nicht mehr statt.

Das Ministererlaubnisverfahren nach dem GWB soll die Nachteile beider Optionen vermeiden. Es lässt die rein wettbewerbsrechtliche Prüfung durch das Bundeskartellamt unangetastet. Die Frage, ob die Wettbewerbsbeschränkung im Einzelfall von „gesamtwirtschaftlichen Vorteilen des Zusammenschlusses aufgewogen wird oder der Zusammenschluss durch ein überragendes Interesse der Allgemeinheit gerechtfertigt ist,“ bleibt dagegen dem politisch verantwortlichen Minister überlassen, § 42 Abs. 1 GWB. Seiner Entscheidung ist die Stellungnahme der Monopolkommission vorgeschaltet. Sie ist eine Art „Rationalitätspuffer“. Die Monopolkommission prüft insbesondere, ob der Zusammenschluss überhaupt geeignet ist, die geltend gemachten außerwettbewerblichen Ziele zu fördern und ob es nicht vielleicht auch alternative Wege zu diesen Zielen gibt, die den Wettbewerb weniger beschränken als der Zusammenschluss. Die relative Öffentlichkeit, die das Fusionsvorhaben durch die Untersagung des Bundeskartellamts bekommt, schafft im übrigen auch Transparenz und zieht das Interesse der Medien auf sich. Dies kann zu einem breiteren politischen Diskurs über den Zusammenschluss beitragen.

Dies ist der Hintergrund der Aufspaltung des Fusionskontrollverfahrens, wie wir sie in Deutschland vorfinden und die den Gegenstand dieses Podiums bildet. Sie ist bei rechtsvergleichender Betrachtung freilich nicht alternativlos. Dazu und zu ihrer Würdigung begrüße ich nun die anderen Teilnehmer des Podiums: Peter Freeman, Chairman an dem 2002 im Vereinigten Königreich gegründeten Competition Appeal Tribunal; Ulrich Immenga, emeritierter Professor an der Universität Göttingen, von 1979 bis 1989 Mitglied und zuletzt auch Vorsitzender der Monopolkommission; und Kai-Uwe Kühn, Professor an der University of Michigan, von 2011 – 2013 Chefökonom der Generaldirektion Wettbewerb der Europäischen Kommission; neben seiner Professur in Michigan nimmt er gegenwärtig eine permanente Gastprofessur an der Universität Düsseldorf wahr.

Alternativen der verfahrensrechtlichen Ausgestaltung: Ministererlaubnis oder einheitliches Verfahren?

Prof. Dr. Dr. h.c. Ulrich Immenga
Emeritierter Professor und Direktor der Abteilung für Internationales und Ausländisches Wirtschaftsrecht an der Universität Göttingen, ehemaliger Vorsitzender der Monopolkommission

Für das Podium ist mit diesem Thema zu entscheiden, ob über die Fusionskontrolle hinaus politischer Einfluss bei der Entscheidung über andere Formen der Wettbewerbsbeschränkungen eine Rolle spielen kann. Diese Fragestellung ist daher zunächst darauf zu beziehen, ob auch für den Kartellbereich Ministergenehmigungen möglich sein könnten. Alternativ ist der Weg zu erörtern, ob eine Wettbewerbsbehörde ihrerseits politische Einflüsse in ihre Entscheidungen einbeziehen kann.

1. Ansätze im GWB

1. Die hier zu erörternde Frage nach Alternativen der verfahrensrechtlichen Ausgestaltung war bereits Gegenstand in der Entstehungsgeschichte des GWB. Der Regierungsentwurf 1952 hat mögliche Ansätze erörtert.[1] Verschiedene Formulierungen eines möglichen generalklauselartigen Ausnahmetatbestandes wurden diskutiert. Erhebliche Zweifel bestanden bereits gegenüber der Auffassung, dass das Bundeskartellamt hierüber zu entscheiden hätte. Nach Auffassung des Bundesrates sollte die Entscheidung von der Bundesregierung auf Antrag des Bundeswirtschaftsministers getroffen werden. Zwei Gründe wurden hierfür benannt, die Bundesregierung sei dem Druck von Kartellinteressen nicht in gleichem Maße wie eine nachgeordnete Behörde ausgesetzt. Außerdem könne eine schwerwiegende wirtschafts- und staatspolitische Entscheidung nicht der Kartellbehörde überlassen werden. Der Bundestag hat sich dem mit seiner Auffassung angeschlossen, dass die Entscheidung dem Bundeswirtschaftsminister zu überlassen sei, da dieser einer parlamentarischen Kontrolle unterliege.

Dieser Grundsatz der Ministerentscheidung für eine Berücksichtigung außerwettbewerblicher Aspekte in wettbewerbsrechtlichen Fragen wurde in die erste Fassung des GWB aufgenommen. Nach § 8 Abs. 1 GWB kann der Bundesminister für Wirtschaft auf Antrag die Erlaubnis zu einem Vertrag oder Beschluss im Sinne des § 1 GWB erteilen, wenn ausnahmsweise die Beschränkung des Wettbewerbs aus überwiegenden Gründen der Gesamtwirtschaft und des Gemeinwohls notwendig ist. Voraussetzung ist, dass die im GWB enthaltenen weiteren Ausnahmeregelungen für bestimmte Formen von Vereinbarungen in §§ 2 – 7 GWB (z. B. Strukturkrisenkartelle oder Rationalisierungskartelle) nicht vorliegen. Diese gesetzliche Regelung wurde in der 7. GWB-Novelle nicht mehr aufgenommen.[2]

Eine Berücksichtigung außerwettbewerblicher oder auch politischer Aspekte in kartellrechtlichen Verfahren ist auch Gegenstand von Entscheidungen des Bundeskartellamtes gewesen, ohne dass von den betroffenen Unternehmen von der Möglichkeit der Ministergenehmigung Gebrauch gemacht wurde. Kartellrechtlicher Ansatzpunkt derartigen Vorgehens war eine restriktive Auslegung des GWB. Ein gewisser Schwerpunkt liegt insoweit bei der Rechtsgüterabwägung.[3] Die Lehre von der Rechtsgüterabwägung hat sich jedoch bis heute nicht durchgesetzt. Das Bundeskartellamt hat sie, wenn auch zurückhaltend, in der Praxis damals gelegentlich berücksichtigt. Beispielhaft zu nennen sind Überlegungen des Gesundheitsschutzes oder Umweltschutzes. Eine Ausnahmeregelung ist jedoch auf diesem Wege nicht entstanden. Hiergegen sprechen insbesondere dogmatische und systematische Argumente.[4]

1 Im Überblick vgl. *Immenga* in Immenga/Mestmäcker, GWB, 1. Auflage, 1981, § 8 Rn. 1 ff.
2 Dazu Fn. 6.
3 Hierzu bereits *Immenga*, Politische Instrumentalisierung des Kartellrechts, 1976, S. 19.
4 Ausführlich und überzeugend *Zimmer*, in: Immenga/Mestmäcker, Wettbewerbsrecht, Band 2, GWB/Teil 1, 5. Auflage, § 1 Rn. 166 f., 168, 172.

In der Rechtspraxis hat § 8 Abs. 1 GWB keine maßgebliche Rolle für den Ausnahmebereich des Kartellverbotes nach § 1 GWB gespielt. Diese Feststellung ist im Wesentlichen darauf zurückzuführen, dass, wie oben erwähnt, bei Ausnahmen vom Kartellverbot gerade für die in der Praxis häufig angewandten Vereinbarungen die Sonderregelungen nach §§ 2 – 6 GWB herangezogen wurden.[5]

2. Die Ministergenehmigung im Bereich wettbewerbsbeschränkenden Verhaltens nach § 8 Abs. 1 GWB entfiel mit der 7. GWB-Novelle von 2005. Der Regierungsentwurf verweist zunächst auf die Angleichung des nationalen Kartellrechts an das europäische Recht. Hiermit entfielen die bisherigen Freistellungen nach §§ 2 – 7 GWB. Zur Aufhebung der Regelung über Ministerkartelle nach § 8 GWB wird auch darauf hingewiesen, dass die Vorschrift seit 1984 nicht mehr angewandt worden sei. Außerdem sei eine Ministererlaubnis wegen des Vorrangs des europäischen Rechts in Zukunft bei Vereinbarungen mit grenzüberschreitenden Auswirkungen nicht mehr zulässig.[6]

3. Als Folge der Harmonisierung des GWB mit dem europäischen Recht ist die Frage der Ministergenehmigung, soweit ersichtlich, nicht wieder aufgenommen worden. Allein die Monopolkommission hat sich deutlich und kritisch zum Wegfall des § 8 GWB geäußert und damit die hier zu diskutierende Frage der Ministererlaubnis oder des einheitlichen Verfahrens beantwortet. Im Ergebnis wird eine Beibehaltung des § 8 Abs. 1 GWB als erforderlich angesehen.[7] Im Ansatz zurückhaltend ist allerdings die Auffassung, dass Wettbewerbsbeschränkungen unerlässlich seien, um den Zweck eines dem GWB gleichrangigen Gesetzes zu erreichen (z. B. Umweltschutzanliegen). In diesen Fällen müsse § 1 GWB teleologisch restriktiv ausgelegt werden.[8] Soweit diese Auslegung nicht möglich sei, müsse eine Ministergenehmigung nach § 8 Abs. 1 GWB erforderlich sein. Auf eine Generalklausel in einem vereinfachten Verfahren könne nicht zurückgegriffen werden.[9] Dieser Gedanke ist nicht wieder aufgenommen worden.

Die Monopolkommission unterstreicht auf dieser Grundlage die strikte ordnungspolitische Trennung zwischen rein wettbewerblicher Prüfung durch die unabhängige Institution Bundeskartellamt und die politische Gesamtabwägung in Form der Ministererlaubnis als wesentliche Errungenschaft des deutschen Wettbewerbsrechts.[10] Auf dieser Grundlage werde gewährleistet, dass die Zuständigkeit des Bundeswirtschaftsministers garantiere, dass schwerwiegende wirtschafts- und staatspolitische Entscheidungen nicht den Kartellbehörden überlassen bleiben. Das zweistufige Verfahren sorge ferner für eine Transparenz des Entscheidungsprozesses sowie die Akzeptanz der behördlichen Entscheidungen und für die angemessene Verteilung der Verantwortlichkeiten. Für einen generellen Ausnahmetatbestand, der dem Bundeskartellamt auch einen Beurteilungsspielraum bezüglich wettbewerbsfremder Aspekte eröffne, bleibe daneben kein Raum.[11]

Der Vortragende darf, wohl auch als früheres Mitglied der Monopolkommission erwähnen, dass er 1976 in seiner Antrittsvorlesung an der Juristischen Fakultät der Universität Göttingen die hier skizzierten Schlussfolgerungen der Monopolkommission skizziert hat und weiterhin vertritt.[12]

2. Das Schweizer Kartellgesetz

Eine Entscheidung für ein zweistufiges Verfahren wie für die Zusammenschlusskontrolle auch für Wettbewerbsbeschränkungen im Sinne des § 1 GWB legt es nahe, Verfahren im Ausland rechtsvergleichend heranzuziehen. Das Kartellgesetz der Schweiz enthält in Art. 8 eine eindeutige Regelung: „Wettbewerbsabreden und Verhaltensweisen marktbeherrschender Unternehmen, die von der zuständigen Behörde für unzulässig erklärt wurden, können vom Bundesrat auf Antrag der Beteiligten zugelassen werden, wenn sie in Ausnah-

5 Zur Praxis siehe auch *Möschel*, Recht der Wettbewerbsbeschränkungen, 1983, S. 183.
6 Begründung zum Regierungsentwurf 26.5.2004 – BT-Drs. 15/3640 A 4.cc.
7 Hauptgutachten XI 1994/1995 Textziffer 961.
8 Textziffer 946.
9 Textziffer 946.
10 Textziffer 948.
11 Textziffer 961.
12 Vgl. oben, Fn. 3.

mefällen notwendig sind, um überwiegende öffentliche Interessen zu verwirklichen“. Diese Regelung wurde mit der Neufassung des Kartellgesetzes 1995 aufgenommen. Die Neufassung des Gesetzes wird als „Paradigmenwechsel“ oder „ordnungspolitisches Umdenken“ in der Geschichte des schweizerischen Wettbewerbsrechts bezeichnet, in das sich Art. 8 KG nahtlos einfüge, da die Berücksichtigung nicht wettbewerblicher Rechtfertigungsgründe vom Grundsatz zur Ausnahme geworden sei.[13] Als Begründung wird unterstrichen, dass der Gesetzgeber wegen des politischen Charakters die Entscheidungskompetenz nicht der Wettbewerbskommission, sondern dem Bundesrat als politischer Behörde zugewiesen habe. Diese Kompetenzausscheidung habe unter dem Blickwinkel der Transparenz die positive Wirkung, dass sich die Wettbewerbsbehörde in ihrem Verfahren strikt auf wettbewerbsrechtliche Aspekte beschränken könne.[14]

Es ist zu verdeutlichen, dass im schweizerischen Staatsgefüge der Bundesrat die Regierung ist. Seine politische Bedeutung geht damit deutlich über die eines Ministers hinaus. Nach Art. 31 KG können die Beteiligten nach 30 Tagen eine ausnahmsweise Zulassung der Wettbewerbsbeschränkung durch den Bundesrat aus überwiegenden öffentlichen Interessen beantragen. Bemerkenswert, insbesondere im Vergleich mit dem deutschen Recht, ist das Gebot einer zeitlichen Beschränkung der Zulassung, die ihrerseits mit Bedingungen und Auflagen verbunden werden kann.

Im Unterschied zum deutschen Recht hervorzuheben ist, dass die Anrufung des Bundesrates auch mit Bezug auf Entscheidungen von Zivilgerichten möglich ist. Das Verfahren erfolgt aufgrund einer gesonderten Regelung nach Art. 15 Abs. 2 KG.

Es wird davon ausgegangen, dass die Ausnahmeregelung des Art. 8 KG aufgrund der strengen tatbestandlichen Anforderungen wie „ausnahmsweise“ und „überwiegenden öffentlichen Interessen“ in der Praxis bisher keine bedeutende Rolle gespielt hat.[15]

Die hier interessierende Rechtslage in der Schweiz verdeutlicht, dass das zweistufige Verfahren Ausdruck einer eindeutigen Hervorhebung des Wettbewerbs in einer Wirtschaftsverfassung darstellt. Die institutionelle Trennung von Wettbewerbsbehörde und politischer Institution bestätigt die weitgehend selbständige Bedeutung des Wettbewerbs gegenüber politischem Einfluss in Wettbewerbsverfahren. In der Schweiz ist dies Ergebnis eines Prozesses, der mit der Neufassung des Kartellgesetzes 1995 abgeschlossen wurde.[16] Die wettbewerbspolitische Bedeutung der Ministergenehmigung in einem wettbewerbsrechtlichen System wird damit unterstrichen. Demgegenüber ist das einheitliche Verfahren im Wettbewerbsrecht in der Weise zu verstehen, dass wettbewerbsbezogene Aspekte sowie außerwettbewerbliche bzw. -politische Gesichtspunkte von einer Behörde entschieden werden. Die Waagschale von Wettbewerb und politischen Interessen liegt damit in einer Hand.

3. Einheitliches Verfahren

In neuzeitlichen Wettbewerbsgesetzgebungen ließe sich von einem einheitlichen Verfahren im Antimonopolgesetz Chinas von 2007 sprechen.[17] Eine Zweistufigkeit im Verfahren lässt sich dem Antimonopolgesetz (AMG) nicht entnehmen. Verschiedene Institutionen verfügen über Kompetenzen im AMG. Diese beziehen sich mit zum Teil erkennbarem Staatsbezug auf die unmittelbare Rechtsanwendung, nicht jedoch auf eine Zweistufigkeit. Wettbewerbliche und außerwettbewerbliche Aspekte werden damit in einem Verfahren entschieden.[18] Eine Skizze der hierauf bezogenen Gesetzgebung kann dieses Vorgehen verdeutlichen.

---

13 *Yvo Hangartner, Felix Prümmer*, AJP 2004, 1093, 1095.

14 *Borer*, in: OFA, Wettbewerbsrecht I, Kommentar-Schweizerisches Kartellgesetz (KG), Art. 8 Rn. 1.

15 *Zäch*, Schweizerisches Kartellrecht, 2. Auflage 2005, S. 252 ff.

16 Hierzu *Kellerhals*, Washington, Brüssel, Bern, Beijing, Zur unterschiedlichen Bedeutung des Wettbewerbs und seiner rechtlichen Regelung in den USA, der EU, der Schweiz und in China, 2006, S. 43.

17 Grundlegend *Mesenbrink*, Das Antimonopolgesetz der VR China im Spannungsfeld zwischen Politik und Wettbewerbsrecht, 2010.

18 Vgl. *ibid.*, S. 31 ff.

Nach § 1 AMG ist in der Rechtspraxis das Allgemeininteresse zu berücksichtigen. Diese Generalklausel wird nicht definiert und führt daher zu unterschiedlichen Auslegungen, die vom Verbraucherschutz bis zur wirtschaftlichen Souveränität des Staates reichen.[19]

Nicht eindeutig entschieden ist die Reichweite staatlicher Belange mit Bezug auf die sogenannte Schlüsselindustrie. § 7 AMG sieht es als Aufgabe des Staates an, die legale Geschäftstätigkeit von Unternehmen solcher Wirtschaftszweige zu schützen, die im Zusammenhang mit volkswirtschaftlichen Lebensadern stehen oder die staatliche Sicherheit berühren. Genannt werden etwa die Rüstungsindustrie, Elektrizitäts- und Erdölindustrie, Telekommunikation, Zivilluftfahrt und die Schifffahrt.[20] Hierauf bezogen wird diskutiert, ob die gesetzliche Regelung auch auf Monopole der staatseigenen Wirtschaftsunternehmen anzuwenden ist.

Das AMG enthält Ausnahmetatbestände, die eine Berücksichtigung außerwettbewerbsrechtlicher, das heißt auch politischer Aspekte nicht zulassen. Diese Regeln entsprechen im Wesentlichen dem europäischen Recht (Art. 101 Abs. 3 AEUV) bzw. §§ 2 und 3 GWB.[21] Politische Einflussmöglichkeiten können allerdings auf einem anderen Wege entstehen. Das AMG ermächtigt den Staatsrat zur Erteilung von Ausnahmen vom Kartellverbot über die genannten Regelungen hinaus (§ 15 Abs. 1 Nr. 7). Der Staatsrat ist Organ der Exekutive und ausdrücklich mit Kompetenzen im AMG ausgestattet.[22] Insoweit besteht daher allerdings kein einheitliches Verfahren, sondern die Schaffung eines weiteren Ausnahmetatbestandes.

Die gesetzlichen Regelungen zur Zusammenschlusskontrolle enthalten eindeutig ein einheitliches Verfahren soweit es um wettbewerbsrechtliche Kriterien und die Berücksichtigung außerwettbewerblicher Elemente geht. Nach § 2 Satz 2 AMG kann das Antimonopolvollzugsorgan beschließen, einen Zusammenschluss auch dann freizugeben, wenn es dem öffentlichen Interesse entspricht. Das heißt, dass der Ausnahmetatbestand in der Fusionskontrolle eine Trennung von wettbewerblichen und politischen Kriterien nicht erkennen lässt. Es bedarf daher einer deutlichen Auslegung dessen, was als öffentliches Interesse zu bezeichnen ist. Grundsätzlich dürfte es auch geboten sein, das Verhältnis durch den Zusammenschluss verletzter Wettbewerbsinteressen gegenüber Allgemeininteressen zu bestimmen. Diese Fragestellungen verdeutlichen, dass in einem einheitlichen Verfahren eine klare Entscheidung für die jeweilige Bedeutung wettbewerblicher und öffentlicher Belange kaum möglich erscheint. Ein Vergleich mit der Ministergenehmigung im Recht der Zusammenschlusskontrolle nach GWB (§ 42 GWB) ist ausgeschlossen.

4. Fazit

Es bleibt als Fazit zu betonen, dass das Verhältnis von wettbewerblichen und außerwettbewerblichen Aspekten in wettbewerbsrechtlichen Verfahren bei Entscheidungen durch eine Behörde nicht hinreichend bestimmt werden kann. Es bedarf vielmehr einer Trennung der Wettbewerbsbehörde gegenüber einer Institution, die außerwettbewerbliche, politische Interessen angemessen vertritt. Für das deutsche Recht stellt sich damit die Frage, ob der Gedanke einer Ministergenehmigung nach § 8 GWB wieder aufgenommen werden sollte. Wie dargelegt, hat die Monopolkommission sich engagiert und begründet hierfür eingesetzt. Die Ansätze der Bundesregierung im Verfahren zur 7. GWB-Novelle dürften dem nicht entgegenstehen.[23] Zumindest für Wettbewerbsbeschränkungen, die nicht als zwischenstaatlich angesehen werden können, könnte der Weg zu einer Ministergenehmigung beschritten werden. Insgesamt lassen die Regelungen der Schweiz es zumindest als möglich erscheinen, die Ministergenehmigung einzuführen. Das Schweizer Kartellgesetz belegt ferner, dass gerade Jurisdiktionen in Ländern mit einer am Wettbewerb ausgerichteten Wirtschaftsverfassung die Ministergenehmigung aufnehmen sollten.

19 *ibid.*, S. 80 ff.

20 *Fang*, Die Kontrolle von Zusammenschlüssen im chinesischen Antimonopolgesetz, ZWR 2008, 385, 392 ff.

21 Im Einzelnen vgl. *ibid.*, S. 154 ff.; *Xiaofei Mao/Tobias Glass*, Das chinesische Antimonopolgesetz im Lichte des deutschen Kartellrechts, ZWR 2008, Heft 1, S. 97 ff.

22 *Mesenbrink*, a. a. O., S. 60.

23 Zum Inhalt vgl. oben Fn. 6.

UK experience – the skeleton comes out of the cupboard

*Peter Freeman CBE QC (Hon.)**
A Chairman of the Competition Appeal Tribunal (CAT)

1. Introduction – outline of the UK system

Ladies and gentlemen; good afternoon!

May I say what a pleasure it is to be in Bonn for this important Symposium. My task is to explain briefly how the merger control system in the UK takes account of public interest issues other than competition and to identify some of the issues that have arisen. I will concentrate on merger control but touch also on the UK market investigation regime, where broader public interest issues can now also be examined.

The current merger control regime dates from the 2002 Enterprise Act, which introduced an explicit competition test (SLC) and assigned the power to approve or prohibit mergers on competition grounds to the independent competition authorities. The regime has recently been amended[1] to reflect the merger of the two former authorities (the Office of Fair Trading (OFT) and the Competition Commission (CC)) into a single Competition and Markets Authority (CMA) but is essentially unchanged.

Before 2002, the regime was based on a broad public interest test, of which competition was only a part, and decisions on mergers were taken by Ministers.[2] The authorities' role was to investigate, advise and recommend. For example in the *KIO/BP* case in 1988[3], the Kuwaiti Investment Organisation was prevented from acquiring a stake in BP, on national interest grounds that had nothing to do with competition. However, practice had developed under the so-called "Tebbit Doctrine"[4] that merger cases would "normally" be decided on competition grounds alone, and it followed that decision making power was best devolved to independent and expert authorities.

The 2002 reforms consolidated these two aspects and, in what was regarded at the time as a major change, removed Ministers from any decision making role in competition cases. However the statute left in place the possibility of Ministers intervening on specified public interest grounds. The grounds initially specified were the relatively uncontroversial considerations of national security. Further reforms in 2003 added media plurality and freedom of expression in the media. But Ministers had power to add (by subordinate legislation) new specified public interest considerations to the list.

The system works by the Minister serving an "Intervention Notice". This renders the authorities' role advisory, and the decision making power reverts to the Minister. He or she can decide how far the merger should be investigated, what public interest aspects should be considered and what should be done in the light of the authorities' advice. The only limitation is that the Minister must accept the authorities' advice on competition issues as binding.

There is a similar, slightly more complex, system for mergers that fall under European merger control, where the public interest considerations invoked at national level must fall within the scope of "legitimate interests" under Article 21(4) of Regulation 139/2004/EC (EUMR).[5]

* Any views expressed are personal to the author. The lecture's exact wording is reported.
1 See Enterprise and Regulatory Reform Act 2013 Part 4 Chapter 2.
2 See Fair Trading Act 1973.
3 *MMC Report*, The Government of Kuwait and the British Petroleum Company plc., 1988.
4 After the then Secretary of State for Trade and Industry Norman (now Lord) Tebbit.
5 OJ L24 29.1.2004.

2. The system in practice

The system was first tested in earnest in 2007 in the *BSkyB/ITV* case[6], when the TV broadcaster BSkyB, part owned by News Corporation, bought on the open market a 17.9% stake in its rival ITV. This was below the 20% threshold prohibited under more specific media regulation, but was within the scope of general UK merger control. This allows minority interests to be scrutinised if they allow one company "materially to influence the policy" of another.[7]

In this case, the OFT was minded to refer the acquisition on competition grounds to the CC and the Minister intervened, invoking the specific public interest consideration of "preserving the plurality of independent providers of news". ITV owned a quarter of ITN, with which Sky News competed, and there were also the wider news interests of the Murdoch group of companies to consider. The media regulator Office of Communications (OFCOM) was consulted and expressed concerns also.

As a result of the Minister's intervention, the CC investigated both competition and media issues and reported to the Minister. It found the acquisition was indeed an anti-competitive merger, but found no significant harm to media plurality. The Minister accepted both of these findings and BSkyB was required to sell its stake down to 7.5% (it has recently disposed of the remainder) and not to interfere in the management of the company. There was much litigation, but all of the findings were upheld by the courts.[8]

That was a case where possible public interest concerns were not, in the end, decisive. In the next case, (*Lloyds/HBoS*)[9] the opposite was true. In 2008, with the financial crisis worsening, Lloyds Bank offered to buy the failing Halifax/Bank of Scotland. Such a merger would normally have been ruled out on competition grounds, but Ministers in this case wished to intervene to prevent damage to financial stability. The problem was that this consideration was not at the time specified, so "maintaining the stability of the UK financial system" was hastily added to the statutory list, whilst the merger was progressing. The OFT advised that there were competition concerns justifying a reference to the CC[10], but the Bank of England, the Financial Services Authority and the Treasury all advised that the merger must be allowed to proceed without a reference.

The Minister approved the deal at the first stage[11] (ie with no reference to the CC) and despite an appeal to the CAT his decision was upheld.[12] One might note that the merger signally failed to achieve its aims, and Lloyds is even now wrestling with the liabilities that it somewhat controversially acquired with HBoS.

The third case was *Newscorp/BSkyB* (2010).[13] This was the proposed acquisition by News Corporation of those shares in BSkyB (some 62%) that it did not own. This proposal was cleared at EU level on competition grounds[14], but issues of media plurality were left to the UK regime. The consequences are well known if not notorious.

Responsibility for media policy was shared between the Department of Culture and the Department for Business, with the latter handling merger control issues. The Business Secretary (Dr Vince Cable) was minded to refer the deal to the CC and sought advice from OFCOM, who expressed concerns about possible adverse effect on plurality of the media from the closer integration of BSkyB into the News Corporation

6 Acquisition by British Sky Broadcasting Group plc of 17.9 per cent, of the shares of ITV plc., Decision of the Secretary of State, 29 January 2008.
7 See Enterprise Act 2003 section 26(3).
8 See CAT decision 29 September 2008 [2008] CAT 25 and Court of Appeal decision 21 January 2010 [2010] EWCA Civ. 2.
9 Anticipated Acquisition by Lloyds TSB plc of Halifax Bank of Scotland plc. October 2008.
10 OFT Report to the Secretary of State 24 October 2008.
11 Decision under s 45 Enterprise Act 2003 31 October 2008. The Secretary of State was Lord Mandleson.
12 Merger Action Group v Secretary of State [2008] CAT 36.
13 Proposed Acquisition by News Corporation of shares in British Sky Broadcasting Group plc 2010.
14 Decision 21/12/2010 COMP/M5392.

group. Unfortunately, before he had received OFCOM's advice, the Business Secretary spoke in frank terms to certain newspaper reporters posing as his constituents and as a result appeared to be biased. The handling of the case was swiftly transferred to the Culture Secretary (Jeremy Hunt) who decided to seek undertakings from Newscorp on editorial freedom for BSkyB, to avoid a CC reference and possible prohibition. OFCOM and the OFT advised such undertakings would be acceptable and effective.[15] But before things could be finalised, Newscorp was engulfed in the "News of the World" scandal.[16] Its undertakings looked less and less credible and had to be withdrawn. The Minister immediately referred the case to the CC, whereupon the proposed merger was itself withdrawn, and the CC's investigation was cancelled (its shortest case ever!). The Culture Secretary defended his conduct with some vehemence during the subsequent Leveson Inquiry[17], denying that he had acted too favourably towards News Corporation.

3. Interplay with EU merger control

This last case was an EU merger. There have been several EU merger cases involving UK national security, which were settled by undertakings, but two other EU cases aroused controversy. In *Kraft/Cadbury* (2010)[18], the acquisition was approved at EU level, but political objection was taken on the grounds that a unique "British" confectioner was being taken over and removed. Cadbury is a much loved brand of chocolate in the UK. However, despite various amendments to the City Takeover Code to control hostile take-overs, no changes were made to the merger control regime's provisions on public interest. Similarly in the recent possible merger between *Pfizer* and *Astra Zeneca*, politicians wrestled with the need somehow to protect "the British science base", and apparently were seeking assurances from Pfizer that British expertise and jobs would be maintained. The problem in both cases was that to invoke the Enterprise Act public interest regime, new public interest considerations would have to be specified that would satisfy the "legitimate interests" test of the EUMR and gain European Commission approval. The Secretary of State for Business has made proposals further to strengthen the City Code and has suggested specifying in addition a new, public interest consideration, compatible with EU law, of "national interest" to be used "as a last resort".[19] Whilst some changes to the City Code are in hand, it is not clear whether the proposed new public interest test will be enacted.

4. Public interest and the Markets regime

A particular feature of the UK system, to which there is no German equivalent, is the Market Investigation Regime (MIR) which allows the CMA to investigate markets on competition grounds and to impose measures to correct any defects found.[20] An example of this regime in operation was the recent decision to require *BAA* to sell two of its three London airports.[21] Here a similar mechanism exists to allow Ministers to intervene on specified grounds. Once again, the authorities' role becomes advisory on all issues, but its advice on competition is binding. A new power allows the Minister to require the CC to take advice from an expert appointed by the Minister on the public interest issue in question. Until last year, the Ministers' power was limited to intervening so as to control the remedies that the CMA might recommend. Since 2013, the CMA can be required to investigate substantive public interest concerns alongside competition.[22] This was partly as a result of controversy in previous investigations in sectors such as groceries supply, where

15 See eg *Ofcom* Report on public interest test on the proposed acquisition of British Sky Broadcasting Group plc by News Corporation 31 December 2010.

16 Stemming from allegations of phone hacking of celebrities and others by journalists working for the News of the World, a News Corporation publication.

17 Inquiry into the Culture, Practice and Ethics of the Press, Chairman Lord Justice Leveson, begun 13 July 2011, Report Part 1 published 29 November 2012 HC 780-i 2012-3.

18 *Kraft Foods/Cadbury*, Case COMP/M.5644OJC29/4 05.02.10.

19 See Liberal Democrat Voice 13th July 2014.

20 Enterprise Act 2003 (as amended) Part 4.

21 *CC Report*, Supply of Airport services by BAA in the UK 19 March 2008.

22 See Enterprise Act 2002 (as amended) ss139 et seq.

public health, public order and alcohol, environmental and town planning issues sit alongside competition[23], but more obviously from issues in the banking sector. Here the government was obliged in 2010 to set up a *sui generis* "Independent Commission on Banking" to look at questions of banking structure and stability alongside competition as the CC itself could not do this.[24] As yet, however, only national security is specified as a public interest consideration in MIR cases.

5. Conclusions

What conclusions can we draw from this very brief look at the UK experience?

First, and perhaps obviously, public interest cases generate a lot of "public interest". This was rather overlooked in 2002, and the skeleton was locked away in the cupboard, only to emerge with some vengeance later.

Second, the UK's mechanism does at least provide a framework for handling these issues. It enables the expert authorities to play a significant role whilst reserving the political decisions to Ministers. To the criticism that competition authorities are not expert in non-competition issues, the response is that the CMA panels (inherited from the CC) are "expert in being expert" and have a far wider knowledge and experience than competition issues alone. There are parallels here with the MonopolKommission.

Third, under pressure of events, the system has shown signs of strain. It was particularly stretched in *Newscorp/Sky* where Ministers perhaps unwisely started to negotiate without having conducted a full and proper investigation, which the system is meant to offer. And in the *Cadbury* and *Astra Zeneca* cases, the system was powerless to assist as relevant public interest considerations were not on the statute book, and could not easily be added.

Finally, the scheme of having a potentially open-ended list of public interest considerations does carry some risk. True, there are limitations under the EUMR, but for national cases, Ministers may be tempted to go too far – for example, "the national interest", "the protection of British science" or even "the protection of British chocolate". It would be a pity if what was intended as a system of specified exceptions became the general rule, so that the hard-won principle that merger cases should be decided on competition grounds by independent expert authorities might be threatened.

Thank you for your attention.

23 *CC Report,* The Supply of Groceries in the UK 30 April 2008.
24 The Independent Commission on Banking chaired by Sir John Vickers, Final Report 12 September 2011.

Alternativen der verfahrensrechtlichen Ausgestaltung: Ministererlaubnis oder einheitliches Verfahren? (Bericht)

Prof. Dr. Kai-Uwe Kühn

Professor an der University of Michigan, ehemaliger Chefökonom der Generaldirektion Wettbewerb der Europäischen Kommission

Prof. Dr. Kai-Uwe Kühn, ehemaliger Chef-Ökonom der Europäischen Kommission, stellte zunächst die Frage nach Nutzen und Ziel der Berücksichtigung von wettbewerbsfremden Erwägungen im Rahmen der Fusionskontrolle. Ferner sei zu klären, welche außerwettbewerblichen Aspekte überhaupt berücksichtigt werden sollten. Von der Antwort hänge ab, ob und in welcher Weise ein entsprechendes Verfahren – wie das deutsche Ministererlaubnisverfahren – ausgestaltet werden sollte.

Nach Ansicht von Prof. Kühn ist die Beachtung außerwettbewerblicher Aspekte unproblematischer, wenn diese gegen eine Fusionsfreigabe sprechen, z. B. Medienvielfalt, Sicherheitsfragen sowie Finanzmarktthemen („too big to fail“ oder „too integrated to fail“). Schwieriger sei die Frage zu beantworten, welche außerwettbewerblichen Kriterien zugunsten eines Zusammenschlusses, der Wettbewerbsprobleme aufwerfe, in Rechnung gestellt werden könnten. Nach Auffassung von Prof. Kühn sollten Kriterien wie Umwelt- und Beschäftigungseffekte sowie industriepolitische Aspekte sehr restriktiv gehandhabt werden. Umwelteffekte seien häufig nicht fusionsspezifisch. Sie seien daher in genereller Weise zu regeln, um Anreize für sämtliche Unternehmen zu verändern. Auch zur Erzielung von Beschäftigungseffekten stelle ein Zusammenschluss nicht das geeignetste Mittel dar. Darüber hinaus führten Eingriffe in den Prozess von Marktein- und -austritt zu erheblichen Ineffizienzen in Ökonomien. Die Förderung von „European Champions“ oder „National Champions“ sei ökonomisch nicht sinnvoll. Daher sei die Berechtigung, industriepolitische Ziele zu verfolgen, generell zu bezweifeln.

Grundsätzlich stelle sich die Frage, ob ein Instrument wie die Ministererlaubnis eher als Ventil zur Verhinderung sonstiger Einflüsse auf die wettbewerbspolitische Analyse anzusehen sei oder – langfristig – dazu führe, dass die wettbewerbspolitische Analyse von Zusammenschlussvorhaben ausgehebelt werden könne. In diesem Zusammenhang wies Prof. Kühn auf die Gefahr hin, dass Unternehmen durch „Lobbying“ und „Government Capture“ die Änderung an sich gebotener fusionskontrollrechtliche Entscheidungen erreichten. Dies habe Auswirkungen auf das Design von Institutionen. Von besonderer Bedeutung sei die Unabhängigkeit der Wettbewerbsbehörden. Jedoch treffe auch eine unabhängige Behörde nicht immer sachgerechte Entscheidungen. Gründe hierfür seien „self confirmation biases“ und Informationsmängel. Daher müssten interne Strukturen wie „Checks and Balances“ sowie „peer reviews“ geschaffen werden. Von wesentlicher Bedeutung seien darüber hinaus systematische Ex post-Analysen von Entscheidungen, die in Europa bislang generell fehlten. Derartige Evaluationen müssten ausgelagert und die Ergebnisse veröffentlicht werden. Hier könne und solle auch die Monopolkommission eine wichtige Rolle spielen. Dazu seien einerseits Ressourcen, andererseits belastbare Daten erforderlich.

Schlusswort: Eine „Ministererlaubnis“ für Europa?

Prof. Dr. Daniel Zimmer, LL.M. (UCLA)
Vorsitzender der Monopolkommission und geschäftsführender Direktor des Instituts für Handels- und Wirtschaftsrecht und des Center for Advanced Studies in Law and Economics (CASTLE) der Universität Bonn

Politik und Wettbewerbshüter stehen in einem latenten Spannungsverhältnis. Dies kann vielleicht auch nicht anders sein: Kartellbehörden sollen ihre Entscheidungen – beispielsweise bei Unternehmenszusammenschlüssen – unter Wettbewerbsgesichtspunkten treffen. Die Politik stellt demgegenüber auch andere Gesichtspunkte in Rechnung, etwa die Auswirkungen eines Zusammenschlusses auf inländische Produktionsstandorte, unter Einschluss von Arbeitsmarkteffekten.

Dass außer Wettbewerbsbelangen weitere Gesichtspunkte in Entscheidungen zum Europäischen Wettbewerbsrecht einfließen können, kommt in den Formulierungen der Freistellungstatbestände (etwa: Förderung des technischen oder wirtschaftlichen Fortschritts), aber auch in den Querschnittsklauseln des Vertrages über die Arbeitsweise der EU zum Ausdruck. Im deutschen Gesetz gegen Wettbewerbsbeschränkungen macht die Vorschrift über die Ministererlaubnis jedenfalls für Fusionskontrollverfahren deutlich, dass auch andere als wettbewerbliche Belange im Einzelfall Berücksichtigung finden dürfen.

Je weniger "offizielle" Wege für eine Berücksichtigung anderer Politiken in Kartellrechtsverfahren bestehen, um so mehr kann es zu politischen Einflussnahmen kommen, die nicht offen ausgewiesen werden und doch eine Auswirkung haben – etwa indem gesetzliche Tatbestandsvoraussetzungen verneint werden, die unter anderen Vorzeichen bejaht würden.

Wer Anschauungsmaterial für eine Ausübung von *undue influence* in Wettbewerbsverfahren sucht, dem ist die Lektüre der Lebenserinnerungen des früheren Wettbewerbskommissars *Karel van Miert* zu empfehlen. In diesem Buch, das im Jahr 2000 unter dem Titel *Markt Macht Wettbewerb* erschienen ist, werden viele Versuche von Einflussnahmen beschrieben – etwa der Versuch einer Verknüpfung eines Wettbewerbsverfahrens mit ganz anderen politischen Fragen, um Druck auf die Brüsseler Behörde auszuüben. Auch begegnen die Namen zahlreicher Politiker aus Deutschland und anderen Mitgliedstaaten, die mit schöner oder unschöner Regelmäßigkeit in Brüssel vorstellig wurden, um die Interessen heimischer Unternehmen zu fördern.

Gute Gründe scheinen für das Verfahren der deutschen Ministererlaubnis zu sprechen. Es führt dazu, dass andere als Wettbewerbsbelange *offen* ausgewiesen werden.[1] Die Kartellbehörde wird von der Berücksichtigung dieser *anderen* Aspekte – für deren Beurteilung sie keine Sachkompetenz hat – entlastet. Zugleich bewahrt diese Verfahrensgestaltung die Behörde vor politischer Druckausübung.[2] Die Behörde kann sich bei ihrer Entscheidung auf Wettbewerbsgesichtspunkte konzentrieren. Wenn andere Belange den Ausschlag geben sollen, ist dies im Verfahren der Ministererlaubnis offenzulegen und zu begründen. Die Verantwortung für diese *politische* Abwägungsentscheidung liegt bei einer Person, die durch Wahl politisch legitimiert und zugleich politisch verantwortlich ist.

Zwar mögen die *Ergebnisse* eines solchen Verfahrens einem Wettbewerbsrechtler oder –ökonomen nicht in jedem einzelnen Fall gefallen. Aber auch die Ergebnisse von Verfahren, die scheinbar *allein* auf Wettbewerbsgesichtspunkte gestützt werden, vermögen nicht immer zu überzeugen. Dies gilt besonders dann, wenn außerwettbewerbliche Belange sich auf anderem Wege, etwa bei der Auslegung der Tatbestandsmerkmale von Wettbewerbsnormen, in das Ergebnis eingeschlichen haben.

1 Vgl. Begründung zum Entwurf eines Achten Gesetzes zur Änderung des GWB (Gesetzentwurf der Bundesregierung), BT-Drucks. 17/9852, S. 20.

2 Vgl. Begründung zum Entwurf eines Achten Gesetzes zur Änderung des GWB (vorige Fußnote), a. a. O.

Man könnte für die Kommission über eine ähnliche Zweiteilung der Zuständigkeiten wie im deutschen Recht nachdenken: Für die Vorbereitung einer Entscheidung über Wettbewerbsfragen könnte weiterhin die Generaldirektion Wettbewerb zuständig sein. Demgegenüber könnte eine andere Stelle – etwa eine beim Kommissionspräsidenten angesiedelte Einheit – für die Behandlung von Eingaben der Unternehmen zuständig sein, die *andere* als Wettbewerbsargumente zum Gegenstand haben. Diese Stelle würde dann ihrerseits eine Empfehlung an das Gremium der Kommissare geben, ob dem zuvor entwickelten Entscheidungsvorschlag der Generaldirektion Wettbewerb zu folgen – oder aber aus Gründen, die außerhalb des Wettbewerbs liegen, hiervon abzuweichen sei.

So interessant ein solches Entscheidungsmodell auf den ersten Blick erscheinen mag, so groß sind doch die Zweifel daran, ob es den Rahmenbedingungen des Unionsrechts gerecht wird. Das EU-Recht begreift Wettbewerbsentscheidungen jedenfalls im Bereich der Fusionskontrolle als gebundene Entscheidungen. Einen weit gefassten *Gemeinwohl*vorbehalt kennt das Unionsrecht nicht. Versuche von Unternehmen, der Anwendung der Wettbewerbsregeln zu entgehen, können in diesem rechtlichen Regime nicht auf ein wolkig formuliertes Interesse der Allgemeinheit gestützt werden. Unternehmen werden ihre argumentativen Bemühungen daher weiterhin im Wesentlichen auf eine einschränkende Interpretation der Vorschriften bzw. auf eine großzügige Auslegung von Freistellungsvoraussetzungen richten – und in Einzelfällen möglicherweise auf eine Heranziehung der sog. Querschnittsklauseln des Vertrages.

Mindestens so wichtig wie die institutionelle Ausgestaltung des Wettbewerbsschutzes erscheint, dass starke und überzeugte *Personen* in Brüssel und Luxemburg, in Bonn, Düsseldorf, Karlsruhe und anderswo den Wettbewerbsgedanken schützen und politischen und anderen Einflüssen standhalten. Hier haben wir jedenfalls in der Vergangenheit – gerade wenn wir an die Wettbewerbsbehörden und Gerichte denken – keinen Grund zur Klage gehabt. Das stimmt hoffnungsfroh, dass der politische Einfluss auf Wettbewerbsentscheidungen sich weiterhin in Grenzen halten wird.

Monopolkommission: Wettbewerb und öffentliche Wirtschaftstätigkeit*

1. Unternehmerischen Tätigkeiten der öffentlichen Hand

Die Monopolkommission hat sich in den vergangenen 40 Jahren mit vielfältigen und sehr unterschiedlichen Sachbereichen beschäftigt, in denen der Staat Leistungen erbringt, ohne dass er dabei genuine Hoheitsrechte ausübt.[1] In diesen Bereichen wird das Spannungsverhältnis zwischen der Markttätigkeit der öffentlichen Hand und der Verfolgung von Gemeinwohlzielen als Verwaltungsaufgabe manifest. Diese Fragen sind ein regelmäßiger Bestandteil der Gutachten der Monopolkommission.

Im Verlauf der Finanz- und Wirtschaftskrise hat der Staat enorme zusätzliche Anstrengungen unternommen, um die Wirtschaftsordnung zu schützen und zugleich die Erfüllung von Gemeinwohlbelangen weiter sicherzustellen. Daraus folgten erhebliche staatliche Markteingriffe. Außerdem nehmen staatliche Aktivitäten zur unternehmerischen Erfüllung öffentlicher Aufgaben zu. Als Beispiele sind hier insbesondere die Übernahme des Betriebs von Versorgungsnetzen und die Errichtung kommunaler Entsorgungsbetriebe zu nennen.

2. Wann kann und sollte die öffentliche Hand wirtschaftlich tätig sein?

2.1 Rechtliche Rahmenbedingungen

Die soziale Marktwirtschaft hat den Ausgleich zwischen den Belangen des freien Marktes und legitimen Gemeinwohlbelangen als ihre Grundlage. Zu letzteren gehört die Erfüllung öffentlicher Aufgaben. Das europäische und das deutsche Wettbewerbsrecht gehen vom Grundsatz aus, dass die staatliche Erfüllung öffentlicher Aufgaben möglich sein muss („Ob"). Die Wettbewerbsregeln greifen somit nur bei der Ausgestaltung der Art und Weise, wie Leistungen zur Erfüllung öffentlicher Aufgaben erbracht werden („Wie"). Die Tätigkeit des Staates bei der Gründung und Führung wirtschaftlich tätiger Unternehmen unterliegt rechtlichen Rahmenbedingungen, wodurch Grenzen für das staatliche Handeln normiert werden. Mit diesen rechtlichen Schranken soll insbesondere ordnungs- und wettbewerbspolitischen Motiven Rechnung getragen werden.

Die Entwicklungen der jüngeren Vergangenheit wie die Rekommunalisierung (zum Teil: Kommunalisierung) von vormals privat erbrachten Leistungen und die staatlichen Markteingriffe im Zuge der Finanz- und Wirtschaftskrise haben vermehrt grundlegende juristische Fragen aufgeworfen, etwa danach, was im Rechtssinn eine „unternehmerische" bzw. „wirtschaftliche" Tätigkeit ist und was im Sinne des deutschen bzw. des EU-Rechts „öffentliche Aufgaben" bzw. „Dienstleistungen von allgemeinem (wirtschaftlichem)[2] Interesse" sind. Verbunden mit diesen Fragen ist das Problem, wie die wettbewerbspolitischen Zuständigkeitsbereiche der Mitgliedstaaten und der Europäischen Union voneinander abzugrenzen sind. Diese Fragen sind auch für die Anwendung der heute bestehenden Wettbewerbsregeln essenziell. Die Europäische Kommission hat mehrere Mitteilungen bzw. Mitteilungsentwürfe vorgelegt, in denen die unternehmerische Tätigkeit und Dienstleistungen von allgemeinem wirtschaftlichen Interesse voneinander abgegrenzt werden.[3] Die europäi-

---

* Die Monopolkommission dankt besonders ihren wiss. Mitarbeitern *Dr. Alexander Steinmetz* und *Dr. Thomas Weck, LL.M. (San Francisco)*.

1 Hier sind in jüngster Zeit insbesondere die Sondergutachten zu den Netzindustrien zu erwähnen und zudem *Monopolkommission*, XVIII. Hauptgutachten 2008/2009, Mehr Wettbewerb, wenig Ausnahmen, Baden-Baden 2010, Tz. 1ff. Mehr Effizienz bei der Bereitstellung von Trinkwasser!, *Monopolkommission*, XIX. Hauptgutachten, 2010/2011, Stärkung des Wettbewerbs bei Handel und Dienstleistungen, Baden-Baden 2012, Tz. 1 ff. Wettbewerb auf Glücksspielmärkten, *Monopolkommission*, XX. Hauptgutachten, 2012/2013, Eine Wettbewerbsordnung für die Finanzmärkte, Tz. 266 ff. Wettbewerb in der deutschen Kinder- und Jugendhilfe, Kapitel V - Kommunale Wirtschaftstätigkeit und der Trend zur Rekommunalisierung, Kapitel VI - Wettbewerb auf den Finanzmärkten.

2 Die europäischen Verträge adressieren die Erfüllung öffentlicher Aufgaben als „Dienstleistungen von allgemeinem wirtschaftlichem Interesse". Die EU-Kommission bezeichnet weitergehend Dienstleistungen im Zusammenhang mit wichtigen Belangen des Alltags als „Dienstleistungen von allgemeinem Interesse". Dieser Begriff wird allerdings in den Verträgen und in der europäischen Rechtsprechung nicht verwendet.

3 Kommission, Mitteilung über die Anwendung der Beihilfevorschriften auf Ausgleichszahlungen für die Erbringung von Dienstleistungen von allgemeinem wirtschaftlichem Interesse, ABl. 2012 C 8/4; dies., Beschl. v. 20.12.2011

sche Rechtsprechung hat ebenfalls zur Klärung beigetragen.[4] Zugleich hat die deutsche höchstrichterliche Rechtsprechung die Merkmale unternehmerischer Tätigkeit im Sinne des deutschen Kartellrechts herausgearbeitet.[5]

Im europäischen Primärrecht ist das Kernziel der Errichtung eines durch unverfälschten Wettbewerb geprägten Binnenmarkts vorgegeben.[6] Diesem Ziel dienen ergänzend die Vorschriften über das Verhalten von Unternehmen und das Verhalten des Staates im Wettbewerb.[7] Daneben erkennt das europäische Recht jedoch auch Dienstleistungen von allgemeinem wirtschaftlichem Interesse an, also Dienstleistungen, denen die europäischen Mitgliedstaaten ein allgemeines Interesse beimessen und die von ihnen daher mit spezifischen Gemeinwohlverpflichtungen verknüpft werden.[8]

Im wettbewerblichen Kontext ist es – abgesehen von der notwendigen Berührung des zwischenstaatlichen Handels – für die Anwendung des europäischen Rechts maßgeblich, ob eine Dienstleistung durch wirtschaftliche (= unternehmerische)[9] Tätigkeit erbracht wird. Das heißt, es muss sich um die Erbringung einer Leistung handeln, die zur Bedarfsdeckung angeboten wird, wobei der Anbieter zur Leistungserbringung frei ist. Im Gegensatz hierzu stehen grundsätzlich Leistungen, die hoheitlich oder nach dem Solidarprinzip erbracht werden. Dass der Staat die Leistungserbringung eigenen Unternehmen oder Unternehmen vorbehält, die ohne Gewinnerzielungsabsicht handeln (gemeinnützige Unternehmen), spielt hingegen keine Rolle.[10]

Für die Frage, ob auch bei der Erfüllung öffentlicher Aufgaben eine unternehmerische Tätigkeit vorliegt, können verschiedene Indizien herangezogen werden.[11] Ein wichtiges Kriterium, das gegen eine unternehmerische und für eine solidarische Leistungserbringung spricht, ist es, wenn Leistungen unabhängig von den Beiträgen gewährt werden. Die Erbringung von Leistungen zur Erfüllung öffentlicher Aufgaben kann allerdings auch teilweise wirtschaftlich und teilweise nicht-wirtschaftlich organisiert sein, etwa dann, wenn Leistungen zum Teil freiwillig nach Bedarf und zum Teil solidarisch erbracht werden (Einzelfallbetrachtung).[12]

Leistungen zur Erfüllung öffentlicher Aufgaben sind typischerweise Leistungen von allgemeinem wirtschaftlichem Interesse im Sinne des EU-Rechts. Soweit derartige Leistungen von staatlichen Unternehmen erbracht werden, finden die europäischen Wettbewerbsregeln auf die Leistungserbringung Anwendung. Das gilt nur dann nicht, wenn das staatliche Unternehmen mit den betreffenden Aufgaben hoheitlich betraut ist und die Anwendung der Wettbewerbsregeln die Erfüllung der Aufgaben rechtlich oder tatsächlich verhindern würde.[13] Allerdings kommt auch eine Rechtfertigung für wettbewerbsbeschränkende Maßnahmen in

über die Anwendung von Art. 106 II AEUV, ABl. 2012 L 7/3; Mitteilung (Entwurf), Bekanntmachung zum Begriff der staatlichen Beihilfe nach Art. 107 I AEUV; abrufbar: http://ec.europa.eu/competition/consultations/2014_state_aid_notion/draft_guidance_de.pdf.

4 Insb. EuGH, Urt. v. 06.10.2013, Rs. C-59/12 – BKK Mobil Oil, noch nicht in amtl. Slg.

5 BGH, Urt. v. 06.11.2013, KZR 58/11 – Versorgungsanstalt des Bundes und der Länder.

6 Siehe insb. Art. 3 III 1 EUV, Protokoll 27 zu den Verträgen, ABl. 2008 C 115/309.

7 Art. 101 ff. AEUV.

8 Art. 3-6 EUV, Art. 9, 11, 14, 18 AEUV, Protokolle 2 und 26 zu den Verträgen, ABl. 2008 C 115/309; Art. 36 der Grundrechte-Charta, ABl. 2000 C 364/1. Nicht-wirtschaftliche Dienstleistungen von allgemeinem Interesse unterliegen grundsätzlich nur dem nationalen Recht.

9 Die Begriffe werden im Wettbewerbsrecht synonym verwendet.

10 Kommission, Mitteilung über die Anwendung der Beihilfevorschriften auf Ausgleichszahlungen für die Erbringung von Dienstleistungen von allgemeinem wirtschaftlichem Interesse, ABl. 2012 C 8/4; dies., Beschl. v. 20.12.2011 über die Anwendung von Art. 106 II AEUV, ABl. 2012 L 7/3.

11 Vgl. Kommissionsmitteilung (Entwurf), Bekanntmachung zum Begriff der staatlichen Beihilfe nach Art. 107 I AEUV, Tz. 21 f. Diese Mitteilung enthält freilich Indizien, die nicht nur materiell zu verstehen sind, sondern regeln, welche Fälle die Europäische Kommission aufgreifen wird, vgl. dies., Beschl. v. 20.12.2011 über die Anwendung von Art. 106 II AEUV, ABl. 2012 L 7/3, Tz. 8 („offenkundig").

12 EuGH, Urt. v. 16.03.2004, Verb. Rs. C-264/01 u. a. - AOK Bundesverband, Slg. 2004, I-2493, Rz. 47, 58; vgl. auch GA Bot, Schlussanträge v. 04.07.2013, Rs. C-59/12 – BKK Mobil Oil, 2013, I-450, Rz. 29 f.

13 Art. 106 II AEUV.

Betracht, namentlich dann, wenn die Maßnahmen mit Effizienzen verbunden sind, die den Verbrauchern zugute kommen und vorhandenen Wettbewerb nicht vollständig ausschalten.

Das deutsche Recht verfolgt in Bezug auf Leistungen der „Daseinsvorsorge“ einen konzeptionell abweichenden Ansatz, ohne dass sich dies im Ergebnis normalerweise auswirkt. Der Begriff der Daseinsvorsorge hat jedoch neben der rechtlichen Bedeutung vor allem politische Konnotationen, welche die Diskussion insbesondere um die kommunale Wirtschaftstätigkeit bis heute stark prägen. Tatsächlich ist die Verwendung des Begriffs der Daseinsvorsorge keineswegs einheitlich. Diese unscharfe Definition erschwert jedoch eine konsistente Verwendung des Begriffs der Daseinsvorsorge als Rechtsbegriff. Nach deutschem Recht ist Daseinsvorsorge eine Verwaltungsaufgabe, und zwar vor allem eine Aufgabe der Kommunen.

Die Anerkennung von Leistungen der Daseinsvorsorge als Verwaltungsaufgabe ordnet diese Leistungen in verwaltungsrechtliche Kategorien ein. Die Erbringung solcher Leistungen kann zugleich aber auch unternehmerische Tätigkeit sein, die grundsätzlich im Wettbewerb stattfindet und damit auch den Wettbewerbsregeln unterliegt.[14] Das ist immer dann der Fall, wenn der betreffende Staatsbetrieb selbstständig im geschäftlichen Verkehr tätig ist, um Waren oder gewerbliche Leistungen auszutauschen, ohne dass sich dies auf die Deckung des privaten Lebensbedarfs beschränkt.[15] Auf die Rechtsform oder eine etwaige Gewinnerzielung kommt es auch im deutschen Recht nicht an.[16] Ebenso wenig spielt es eine Rolle, ob ein Anschluss- und Benutzungszwang besteht, weil dieser zwar ein verwaltungsrechtliches und sogar ein wirtschaftliches Monopol begründen kann, aber zugleich eine unternehmerische Tätigkeit nicht ausschließt.[17]

Wenn eine unternehmerische Tätigkeit vorliegt, kann diese Tätigkeit durch Gesetz oder aufgrund Gesetzes nur sehr eingeschränkt gegen den Wettbewerb abgeschottet werden. Dies folgt schon daraus, dass wirtschaftliche Betätigungen der Staatsbürger durch die Grundrechte geschützt sind. Mit gesetzlichen Regelungen einhergehende Wettbewerbsbeschränkungen können jedoch dort gerechtfertigt sein, wo die Wettbewerbsregeln ihren Zweck nicht erfüllen können oder andere Ziele vorrangig sind (z. B. Gefahrenabwehr). Darüber hinaus beschränkt das Gesetz die Freiheit einzelner Unternehmen dort, wo der Wettbewerb unter den gegebenen Marktbedingungen von vornherein nicht funktioniert und erst die Voraussetzungen für einen Marktzutritt von Wettbewerbern geschaffen werden müssen, z. B. in Fällen eines natürlichen Monopols (Sektorregulierung, vgl. Tz. 20. ff.). Für die Rechtfertigung anderweitiger Wettbewerbsbeschränkungen im Einzelfall gelten grundsätzlich dieselben Maßstäbe wie im europäischen Recht.

Zu trennen von der Frage der Anwendung der Wettbewerbsregeln ist die Frage nach dem staatlichen Eigentum an den jeweiligen Leistungserbringern. Es gilt der Grundsatz, dass die Wettbewerbsregeln unterschiedslos auf private und staatliche Unternehmen anwendbar sind.[18] Allerdings unterliegen staatliche Wirtschaftsaktivitäten, welche die Möglichkeiten privater Unternehmen zur Marktteilnahme beschränken, unter Umständen einem zusätzlichen Rechtfertigungszwang zum Schutze der Grundrechte und Grundfreiheiten.[19]

Dagegen ergibt sich aus der staatlichen Kompetenzordnung grundsätzlich keine Einschränkung der Wettbewerbsregeln. Das gilt insbesondere auch bezüglich der kommunalen Selbstverwaltungsgarantie (Art. 28 II GG). Hierdurch ist den Gemeinden zwar ein Aufgabenzugriffsrecht zugewiesen, doch steht dieses unter dem Vorbehalt der allgemeinen Gesetze und damit auch der Wettbewerbsvorschriften.[20] Begrenzungen für die

14 BGH, Urt. v. 06.11.2013, KZR 58/11 – Versorgungsanstalt des Bundes und der Länder, Rz. 42 ff.; vgl. § 130 I GWB.

15 BGH, Urt. v. 06.11.2013, KZR 58/11 – Versorgungsanstalt des Bundes und der Länder, Rz. 43.

16 Vgl. zuletzt *Monopolkommission*, HG 19, Tz. 412 ff. sowie eingehender Monopolkommission, HG 18, Tz. 397 ff.

17 BGH, Urt. v. 18.11.2011, KVR 9/11 – Niederbarnimer Wasserverband.

18 EuG, Urt. v. 13.06.2000, Verb. Rs. T-204/97 und T-270/97 – EPAC, Slg. 2000, II-2267, Rz. 122 für das EU-Recht; § 130 Abs. 1 GWB für das deutsche Recht.

19 Vgl. Monopolkommission, XVIII. Hauptgutachten 2008/2009, Tz. 401 f.; XIX. Hauptgutachten 2010/2011, Rz. 406, 412; XX. Hauptgutachten 2012/2013, Tz. 2049.

20 BVerfG, Beschluss vom 23. November 1988, 2 BvR 1619 und 1628/83, BVerfGE 79, 127 = DVBl. 1989, 300 – Rastede, Rz. 41 ff.; siehe auch Monopolkommission, XX. Hauptgutachten, Rz. 1975 m. w. N. In Bezug auf die eu-

gemeindliche wirtschaftliche Tätigkeit ergeben sich vielfach auch unmittelbar aus dem Kommunalrecht (insb. den sogenannten Subsidiariätsklauseln)[21]. Eine Privilegierung kommunaler Wirtschaftstätigkeit im Wettbewerb ist mit der Garantie kommunaler Selbstverwaltung also nicht verbunden.[22]

Das europäische wie auch das deutsche Recht lassen der öffentlichen Hand zwar die Möglichkeit, unternehmerische Aufgaben an sich zu ziehen und durch staatliche Unternehmen erfüllen zu lassen.[23] Das EU-Recht erzwingt über die Wettbewerbs- und Binnenmarktregeln für diesen Fall allerdings eine deutlich schärfere Effizienzkontrolle als das Grundgesetz.[24] Ein Wahlrecht für die öffentliche Hand, sich im Falle einer unternehmerischen Tätigkeit den Wettbewerbsregeln zu unterwerfen, ist jedenfalls auszuschließen.[25]

2.2 Ökonomische Rahmenbedingungen

Die zentralen ökonomischen Fragen in Bezug auf die wirtschaftliche Tätigkeit der öffentlichen Hand werden in der Wissenschaft seit Jahrzehnten diskutiert.[26] Dabei sind viele der frühen Thesen und insbesondere der in den 40er Jahren des letzten Jahrhunderts geäußerten Meinungen in einem weiteren Feld der Debatte über Kapitalismus, Sozialismus und die Rolle eines planenden Staats in der Marktwirtschaft zu sehen.[27]

In der ökonomischen Diskussion hat sich seitdem eine deutliche Skepsis gegenüber öffentlicher Wirtschaftstätigkeit durchgesetzt, welche sich auch in den Privatisierungen ehemals staatlicher Unternehmen gegen Ende des letzten Jahrhunderts widerspiegeln.[28] Diese Entwicklung gründet sich zum einen auf vermehrte Fehlleistungen staatlicher Unternehmen rund um die Welt[29] als auch auf Weiterentwicklungen der ökonomischen Theorie zu Eigentum und Verträgen.[30] Diese Forschung zeigt auf, dass Privatbesitz die entscheidende Quelle für Innovationen und effizientes Handeln bildet – und dies auch dann, wenn soziale Ziele verfolgt werden sollen.[31] Darüber hinaus ergeben sich Nachteile der öffentlichen Wirtschaftstätigkeit daraus, dass auch die öffentliche Hand im Rahmen ihrer Möglichkeiten nicht jederzeit wohlfahrtsoptimal handelt, da die Anreize der in ihrem Auftrag Handelnden verzerrt sind. Beispielsweise sind politische Entscheidungsträger

ropäischen Wettbewerbsregeln ist zudem der Anwendungsvorrang europäischen Rechts zu beachten.

21 Z. B. § 107 I Nr. 3 GemO NW.

22 BGH, Urteile v. 17.12.2013, KZR 65/12 und KZR 66/12 – Heiligenhafen und Berkenthin; vgl. auch OVG Lüneburg, Beschluss v. 11.09.2013, 10 ME 87 und 88/12, Rz. 45 (zit. zach Juris) zur abweichenden Argumentation der Vorinstanz in Bezug auf das Energiewirtschaftsrecht.

23 Vgl. Art. 345 AEUV; Art. 12, 14 f., 28, 30, 70 ff., 83 ff. GG.

24 Vgl. insb. Art. 106 AEUV. Dabei ist freilich zu berücksichtigen, dass sich aus dem Grundgesetz Anforderungen für eine wettbewerbliche Effizienzkontrolle ableitbar sein dürften; dazu Monopolkommission, HG 18, Tz. 400 ff.

25 Siehe auch EuGH, Urt. v. 17.07.2014, Rs. C-553/12 P – Kommission/DEI („griechische Braunkohle"), noch nicht in amtl. Slg., zu weiteren Beschränkungen.

26 Vgl. insbesondere die klassische Darstellung der Diskussion in *Shleifer, A.* (1998). State versus Private Ownership. Journal of Economic Perspectives, 12(4), 133-150. Ein aktueller Überblick der Erkenntnisse zu staatlichen Unternehmen liefern *Shapiro, D./Globerman, S.* (2012). The international activities and impacts of state-owned enterprises. In K. Sauvant, L. Sachs, & W. Jongbloed (Hrsg), Sovereign investment: Concerns and policy reactions: 98–144. New York: Oxford University Press.

27 Vgl. beispielsweise *Lerner* (1944) als Verteidiger des Sozialismus, *Hayek* (1944) als leidenschaftlicher Gegner dessen oder *Schumpeter* (1942) mit einer etwas zurückhaltenden Argumentation. Eher skeptisch gegenüber dem Sozialismus war auch *Samuelson* (1948), trat dabei aber nicht explizit gegen öffentliche Wirtschaftstätigkeit ein.

28 Einer der ersten namhaften Kritiker staatlichen Eigentums an Wirtschaftsunternehmen nach dem Krieg war *Friedman* (1962).

29 Vgl. *Weltbank* (1995) Bureaucrats in Business: The Economics and Politics of Government, World Bank Policy Research Report, Washington DC.

30 Dadurch kann unterschieden werden, ob die öffentliche Hand für einen bestimmten Service zahlt oder diesen selbst erbringt. So können Möglichkeiten zur Erreichung sozialer Ziele analysiert werden. Vgl. für einen aktuellen theoretischen Überblick *Martimort, D.* (2006). An agency perspective on the costs and benefits of privatization, Journal of Regulatory Economics, 30(1), 5-44.

31 Hier spielt die Existenz sogenannter weicher Anreize der Mitarbeiter des Staates eine zentrale Rolle. Vgl. beispielsweise, *Tirole* (1994), *Williamson* (1994), *Stiglitz, J. E.*, Whither Socialism?, MIT Press, Cambridge, Mass. 1994.

stark auch von eigenen Interessen geleitet und neben politischer Unterstützung auch in anderen Bereichen am eigenen Wohl interessiert.[32]

Neben theoretischen Studien[33] kommen auch empirische Analysen mittlerweile überwiegend zu dem Ergebnis, dass – sofern keine besonderen Bedingungen vorliegen – die Leistung öffentlicher Unternehmen im Allgemeinen geringer ist als die privater.[34] So hat Alfred Marshall die zentrale These der Debatte bereits vor über einhundert Jahren formuliert: Der Staat sollte nur dann und ausnahmsweise wirtschaftlich tätig werden, wenn ein öffentliches Interesse daran besteht und eine öffentliche Institution diese wichtige Aufgabe besser übernehmen kann als eine private.[35] Dieser Grundsatz ist in der Diskussion um die öffentliche Wirtschaftstätigkeit in der Ökonomie mittlerweile weitgehend unstrittig.

Die unternehmerische Tätigkeit der öffentlichen Hand, die den Steuerzahler mit unternehmerischen Risiken belastet, bedarf demnach einer besonderen Rechtfertigung. Die Befürworter staatlichen Unternehmertums sehen diese Rechtfertigung meist darin gegeben, dass durch sie die Durchsetzung wichtiger Interessen der Allgemeinheit erleichtert werde. Gewünscht ist dementsprechend politische Einflussnahme auf die Geschäftspolitik der Unternehmen im Sinne der verfolgten politischen Ziele. Dazu gehört beispielsweise die Sicherung von Arbeitsplätzen oder die Stärkung der heimischen Wirtschaft. Zusätzlich spielt oft auch die allgemeine Generierung von Einnahmen zur Sicherung der politischen Handlungsfähigkeit eine Rolle. Die Verfolgung solcher Zielsetzungen durch entsprechende wirtschaftliche Tätigkeit bedeutet konkret in aller Regel, dass Profite öffentlicher Unternehmen zur Finanzierung politischer Interessen genutzt werden sollen. Neben rechtlichen Problemen entstehen dadurch vor allem Probleme der Kontrolle und Transparenz sowie der Effizienz. So führt die Verfolgung politischer Ziele durch die wirtschaftliche Tätigkeit der öffentlichen Hand meist zu einer ineffizienten Nutzung von Ressourcen.[36] Beispielsweise folgt aus der Zielsetzung der Sicherung von Arbeitsplätzen, dass diese gerade dann erhalten bleiben oder sogar geschaffen werden, wenn deren Produktivität unter den gegebenen Umständen zu gering ist. Und auf die politische Vorgabe, Aufträge bevorzugt an lokale Unternehmen zu vergeben, kommt es nur dann an, wenn deren Angebot gerade nicht das Beste ist. Die auf diese Weise ineffizient eingesetzten Ressourcen könnten an anderer Stelle besser zur Erreichung der politischen Ziele eingesetzt werden. Daher ist es prinzipiell günstiger, wenn sich die öffentliche Hand auf die Förderung von Unternehmen, deren Entstehung im privaten Sektor und nicht zuletzt die Grundsätze des unverfälschten Wettbewerbs konzentrieren würde.

Aus den genannten Gründen kann die Verfolgung politischer Ziele allein nicht als Rechtfertigung öffentlicher Wirtschaftstätigkeit dienen. Damit durch öffentliche Wirtschaftstätigkeit keine Ineffizienzen geschaffen werden und somit Wohlfahrtsverluste entstehen, muss klar sein, dass ohne diese Tätigkeit ein Effizienzproblem auf dem betreffenden Markt besteht und damit Marktversagen vorliegt.

32 In der jüngeren Praxis sind in Deutschland diesbezüglich Defizite wie die problematische Besetzung von Positionen in der Leitung und in Aufsichtsräten zu beobachten. Viele Beispiele für derartiges Verhalten finden sich in Weltbank (1995). Insbesondere in weniger entwickelten Demokratien sind diesbezüglich auch Fragen im Zusammenhang mit Korruption relevant.

33 Vgl. *Cavaliere, A./Scabrosetti, S.* (2008). Privatization and efficiency: from principals and agents to political economy. Journal of Economic Surveys, 22(4), 685-710.

34 Einen ausführlichen Überblick über relevante Studien liefern *Megginson, W. L./Netter, J. M.* (2001). From State to Market: A Survey of Empirical Studies on Privatization. Journal of Economic Literature, 39(2), 321-389. Die Autoren schließen „Research now supports the proposition, that privately owned firms are more efficient and more profitable than otherwise-comparable state-owned firms" (S. 380). Eine vergleichbare Metastudie liefern zudem *Shirley, M./Walsh, P.* (2001). Public vs. private ownership: the current state of the debate. World Bank Policy Research Working Paper, (2420). Weitere wichtige Ergebnisse finden sich beispielsweise in *Villalonga, B.* (2000). Privatization and efficiency: differentiating ownership effects from political, organizational, and dynamic effects. Journal of Economic Behavior & Organization, 42(1), 43-74.

35 *Marshall, A.* (1907). The Social Possibilities of Economic Chivalry, Economic Journal,17, 7-29: „Thus a new emphasis is given to the watchword, Laissez faire: Let everyone work with all his might; and most of all let the Government arouse itself to do that work which is vital, and which none but Government can do efficiently."

36 Vgl. *Monopolkommission*, XX. Hauptgutachten, a. a. O., Tz. 1166 ff., *Monopolkommission*, XV. Hauptgutachten, Wettbewerbspolitik im Schatten „Nationaler Champions", Sondergutachten Bahn, Post, sowie Telekommunikation.

Eine Tätigkeit öffentlicher Unternehmen zur Abwendung von Marktversagen kommt insbesondere im Bereich natürlicher Monopole in Betracht.[37] Liegt ein natürliches Monopol vor, dann kann das Angebot durch ein einzelnes Unternehmen zu geringeren Kosten als im Wettbewerb mehrerer Unternehmen erbracht werden. Dies ist beispielsweise sehr deutlich bei den Verteilnetzen für Strom, Gas und Wasser oder der Infrastruktur der Eisenbahn der Fall. Bei Vorliegen natürlicher Monopole kann eine rein durch den Markt organisierte Tätigkeit nicht durch den Wettbewerb kontrolliert werden und das Problem von Marktmacht des Monopolanbieters – und damit verbundener allokativer Ineffizienz – kann eine Intervention des Staates in den Markt rechtfertigen.

Allerdings stellt die Wirtschaftstätigkeit der öffentlichen Hand nicht zwingend die beste Lösung für das Problem natürlicher Monopole dar. Gerade bei staatlichen Monopolunternehmen tritt das Problem der produktiven Ineffizienz oft gravierend auf. Während private Monopole in der Regel nicht nur gewinnorientiert arbeiten und daher auch Interesse an einer möglichst effizienten Produktion haben, sondern unter anderem auch einer Kontrolle und Disziplinierung durch die Finanz- und Kapitalmärkte unterliegen, trifft dies auf staatliche Monopole nicht zu. Diese verfolgen zum einen oft kein klares Gewinnziel, sondern mehrere, möglicherweise konfligierende Ziele. Zum zweiten unterliegen staatliche Unternehmen dem Druck der Kapitalmärkte in geringerem Umfang, da beispielsweise feindliche Übernahmen ausgeschlossen sind. Zudem operieren Staatsunternehmen oftmals mit weichen Budgetrestriktionen, die zu produktiver Ineffizienz einladen.[38]

Zur Begegnung der bestehenden Effizienzprobleme aufgrund von Marktversagen ist unabhängig von der konkreten Frage, ob ein Unternehmen der öffentlichen Hand den Markt bedienen sollte, eine Regulierung des Marktes sinnvoll. Zudem kann ein Monopolproblem durch die Ausschreibung der entsprechenden Leistung und damit Schaffung eines „Wettbewerbs um den Markt" adressiert werden.

Wenn Marktversagen regulatorisch adressiert wird, ist die Überlegenheit privater Wirtschaftstätigkeit in diesem Markt gegenüber der öffentlichen Hand weniger deutlich als in einer allgemeinen Betrachtung.[39] Private Unternehmen verfügen in Bereichen mit Marktversagen zumindest nicht immer über Effizienzvorteile. Hier spielen theoretische Überlegungen zur Regulierung unter asymmetrischer Information eine zentrale Rolle.[40]

---

37 Für staatliche Tätigkeiten spielen auch andere Gründe für Marktversagen wie externe Effekte und öffentliche Güter eine wichtige Rolle. Jedoch werden derartige Effizienzprobleme meist nicht durch öffentliche Wirtschaftstätigkeit, sondern beispielsweise durch Regulierung oder hoheitliche Leistungserbringung adressiert. Vgl. *Monopolkommission*, XVII. Hauptgutachten, Weniger Staat, mehr Wettbewerb. 2008.

38 Vgl. *Stiglitz*, 1994, a. a. O.

39 Empirische Untersuchungen zeigen, dass private Unternehmen in diesen Bereichen nicht zwingend effizienter sind. So legt die Metastudie von *Shirley, M./Walsh, P.* (2001) dar, dass sich die wenigen Studien, die eine Überlegenheit öffentlicher Unternehmen gegenüber privaten Firmen finden, ausschließlich auf natürliche Monopole beziehen. Allerdings finden sich fast ebenso viele Sektoren mit natürlichen Monopolen, in denen Studien eine Überlegenheit der privaten Wirtschaftstätigkeiten finden. Auch die genannte Metastudie von *Megginson, & Netter* (2001) liefert bei der Betrachtung von Monopolen uneinheitliche Ergebnisse. Unter den darin evaluierten 52 Studien kommen lediglich fünf eher ältere Untersuchungen zu dem Ergebnis, dass staatliche Unternehmen bessere Ergebnisse liefern, jedoch betonen die Autoren, dass keine Studie existiert, die eine größere Effizienz staatlicher Unternehmen in Bereichen finden, in denen Wettbewerb möglich ist. („No studies find that public ownership is superior in potentially competitive industries.", S. 52). Auch neuere empirische Untersuchungen unterstützen diese Tendenz; vgl. *Kwoka, John E. Jr.* (2005). The Comparative Advantage of Public Ownership: Evidence from U.S. Electric Utilities. Canadian Journal of Economics, 38(2), 622-640; *Fumagalli, E./Garrone, P./Grilli, L.* (2007). Service quality in the electricity industry: The role of privatization and managerial behavior. Energy Policy, 35(12), 6212-6224; *Bel, G./Warner, M.* (2008). Does privatization of solid waste and water services reduce costs? A review of empirical studies. Resources, Conservation and Recycling, 52(12), 1337-1348; *Bel, G./Fageda, X./Warner, M. E.* (2010). Is private production of public services cheaper than public production? A meta-regression analysis of solid waste and water services. Journal of Policy Analysis and Management, 29(3), 553-577.

40 Vgl. *Laffont, J. J./Tirole, J.* (1991). Privatization and incentives. Journal of Law, Economics, and Organization, 7(special is- sue), 84-105, *Hart, O./Shleifer, A./Vishny, R. W.* (1997). The proper scope of government: theory and an application to prisons. Quarterly Journal of Economics, 112(4), 1127-1161 und *Shapiro, C./Willig, R. D.* (2000). Economic Rationales for the Scope of Privatization. In V. Wright, L. Perrotti (Eds.), Privatization and public policy. Volume 1 (pp. 185-217). Elgar Reference Collection. International Library of Comparative Public Policy, vol. 13.

Wenn die Leistungen der Unternehmen gut vertraglich fixierbar sind und deren Einhaltung überprüfbar ist, hat ein privates Unternehmen Anreize, die Leistung ähnlich effizient zu erbringen, wie es in funktionierendem Wettbewerb der Fall wäre. Wenn allerdings die öffentliche Hand nur unzureichend in der Lage ist, die eigenen Ansprüche und Wünsche zu be schreiben, vertraglich festzuhalten, zu regulieren oder durchzusetzen, können Gründe für die wirtschaftliche Tätigkeit des Staates vorliegen.[41] Entscheidend ist demnach, inwieweit die gewünschte Leistungserstellung vertraglich oder regulatorisch fixiert und überwacht werden kann. Allein die Existenz von schwer vertraglich fixierbaren Qualitätskriterien ist als Begründung für Wirtschaftstätigkeit der öffentlichen Hand allerdings nicht ausreichend. Vielmehr müssen diese in Verhältnis zu den durch stärkere Anreize möglichen Effizienzgewinnen gesetzt werden.[42] Letztere sind insbesondere in Industrien, in denen Innovationen essenziell sind, erheblich. Entsprechend ist in innovationsstarken und dynamischen Industrien eine Überlegenheit privater, regulierter Unternehmen zu erwarten.

Für ein effizientes Ergebnis ist auch die öffentliche und politische Akzeptanz des Regimes von Bedeutung. Fehlende politische Akzeptanz kann zu instabilen Rahmenbedingungen führen. Dies wiederum wirkt sich insbesondere in Sektoren, die sich durch ein hohes Maß an irreversiblen Investitionen auszeichnen – wie beispielsweise Netzsektoren – negativ auf Investitionsanreize aus. Da beispielsweise Verteilungsziele für die öffentliche und politische Akzeptanz eine entscheidende Rolle spielen, sind diese nach institutionenökonomischem Begriffsverständnis auch für die Effizienz des Gesamtsystems relevant.

Insgesamt ergibt sich kein eindeutiges Ergebnis bezüglich der relativen Effizienz öffentlicher und privater Unternehmen in nicht funktionsfähigen Märkten. Trotz Tendenzen für die Überlegenheit von privaten Unternehmen ist eine Betrachtung im Einzelfall nötig. Eine wirtschaftliche Tätigkeit des Staates kann insbesondere in innovationsschwachen Industrien und dann begründet werden, wenn die erforderlichen Rahmenbedingungen der Tätigkeit nur schwer vertraglich festzuschreiben und zu überprüfen sind oder deren Kontrolle sehr kostenaufwendig ist. Ist dies nicht der Fall, sollte die öffentliche Hand eher als Gestalter der Rahmenbedingungen des Markts für privatwirtschaftliche Unternehmen agieren. Wenn sie dies tut, ist eine Doppelrolle des Staates als Gestalter der Marktordnung und Teilnehmer auf diesen Märkten auf jeden Fall zu vermeiden. Dies bedeutet auch, dass die Fortentwicklung des wirtschaftlichen Ordnungsrahmens entscheidende Auswirkungen auf die Beantwortung der Frage nach der Ausgestaltung der öffentlichen Tätigkeit hat.

In Bereichen, in denen funktionsfähiger Wettbewerb möglich ist, sieht die Monopolkommission die Tätigkeit öffentlicher Unternehmen im Allgemeinen kritisch.[43] Nur sehr wenige Besonderheiten können hier möglicherweise eine Ausnahme rechtfertigen. Die Verfolgung politischer Ziele wie die Sicherung von Arbeitsplätzen oder die Stärkung der nationalen Wertschöpfung kann eine öffentliche Wirtschaftstätigkeit dagegen nicht begründen, da dieses im Allgemeinen einen ineffizienten Einsatz von Ressourcen zur Folge hat. Zudem ergeben sich erhebliche Transparenz- und damit Kontrolldefizite. Im Ergebnis sollten öffentliche Unternehmen grundsätzlich nicht in Konkurrenz zu privaten Firmen treten.

41 Vgl. zur Theorie unvollständiger Verträge insbesondere *Grossman/Hart* (1986), *Hart/Moore* (1990), *Hart* (1995) und *Hart/Shleifer/Vishny* (1997). Auch wenn Einzelheiten der Leistungserbringung schwer vertraglich fixiert und überwacht werden können, haben private Unternehmen dann kaum Anreize dies auszunutzen, wenn die Reputation eine wichtige Rolle spielt – beispielsweise für Folgeausschreibungen oder Ausschreibungen in anderen Regionen. Zudem ist zu beachten, dass auch die Marktwirtschaft mit den Non-Profit-Organisationen bzw. gemeinnützigen Organisationen eine Alternative zu gewinnmaximierenden Anbietern entwickelt hat, in welchen Anreize zur unerwünschten Kosten- und Qualitätsreduzierung vermindert sind, vgl. *Weisbrod, B. A.*, The nonprofit economy. Harvard University Press, 1988.

42 Hier wird auch klar, dass derartige Vertragsprobleme kaum eine Rolle spielen können, wenn die Unternehmen ihre Produkte in funktionierendem Wettbewerb anbieten und Kunden selbst auswählen können, welches Gut sie kaufen.

43 Dabei liefert die ökonomische Theorie auch Argumente dafür, dass unter bestimmten Voraussetzungen der Wettbewerb zwischen privaten und öffentlichen Anbietern sinnvoll sein kann: *Fraja, G./Delbono, F.* (1990). Game theoretic models of mixed oligopoly. Journal of Economic Surveys, 4(1), 1-17.

3. Fazit

Grundsätzlich kann und sollte die öffentliche Hand nach Ansicht der Monopolkommission nur ausnahmsweise und dann wirtschaftlich tätig werden, wenn eine öffentliche Institution diese Aufgabe besser übernehmen kann als eine private. Auf der Grundlage der dargelegten Analyse lässt sich nicht allgemeingültig beantworten, in welchen Fällen dies der Fall ist. Allerdings sieht die Monopolkommission öffentliche Wirtschaftstätigkeiten und die Ausdehnung dieser Tätigkeiten kritisch und hält eine strikte Effizienzprüfung solcher Tätigkeiten für erforderlich. Das europäische Recht erzwingt eine deutlich schärfere Effizienzkontrolle als das deutsche Recht. Das spricht aus Sicht der Monopolkommission dafür, Beeinträchtigungen des Wettbewerbs auf Basis des europäischen Rechts zu würdigen, soweit dies nach dem Anwendungsbereich der jeweiligen Vorschriften möglich ist.

Redner und Moderatoren

Prof. Dr. Dr. h.c. mult. Jürgen Basedow, LL.M. (Harvard)
Direktor am Max-Planck-Institut für ausländisches und internationales Privatrecht und Professor an der Universität Hamburg, ehemaliger Vorsitzender der Monopolkommission

Peter Freeman CBE QC (Hon.)
A Chairman of the Competition Appeal Tribunal (CAT)

Prof. Dr. Justus Haucap
Direktor des Düsseldorfer Instituts für Wettbewerbsökonomie (DICE) und Professor für Wettbewerbstheorie und -politik an der Heinrich-Heine-Universität Düsseldorf, ehemaliger Vorsitzender der Monopolkommission

Prof. Dr. Dr. h.c. Ulrich Immenga
Emeritierter Professor und Direktor der Abteilung für Internationales und Ausländisches Wirtschaftsrecht an der Universität Göttingen, ehemaliger Vorsitzender der Monopolkommission

Dr. Wolfgang Kirchhoff
Richter am Bundesgerichtshof

Prof. Dr. Juliane Kokott, LL.M. (Am. Univ.), S.J.D. (Harvard)
Generalanwältin am Gerichtshof der Europäischen Union

Prof. Dr. Kai-Uwe Kühn
Professor an der University of Michigan, ehemaliger Chefökonom der Generaldirektion Wettbewerb der Europäischen Kommission

Andreas Mundt
Präsident des Bundeskartellamtes

Dr. Frank Montag, LL.M. (Georgia)
Vorsitzender der Studienvereinigung Kartellrecht e. V. und Partner bei Freshfields Bruckhaus Deringer LLP

Günther H. Oettinger
Vizepräsident der Europäischen Kommission

Prof. Dr. Ulrich Schwalbe
Inhaber des Lehrstuhls für Mikroökonomie insb. Industrieökonomie der Universität Hohenheim

Prof. Dr. Heike Schweitzer, LL.M. (Yale)
Geschäftsführende Direktorin des Instituts für deutsches und europäisches Wirtschafts-, Wettbewerbs- und Regulierungsrecht (IWWR) der Freien Universität Berlin

Prof. Dr. Daniel Zimmer, LL.M. (UCLA)
Vorsitzender der Monopolkommission und geschäftsführender Direktor des Instituts für Handels- und Wirtschaftsrecht und des Center for Advanced Studies in Law and Economics (CASTLE) der Universität Bonn

Die Mitglieder der Monopolkommission seit ihrer Gründung

Name	Mitglied/*Vorsitzender* von ... bis
Ernst-Joachim **Mestmäcker** *– Vorsitzender*	Januar 1974 - Dezember 1978 *Januar 1974 - Dezember 1978*
Dieter **Fertsch-Röver**	Januar 1974 - Oktober 1983
Erhard **Kantzenbach** *– Vorsitzender*	Januar 1974 - Juni 1986 *Januar 1979 - Juni 1986*
Erich **Mittelsten Scheid**	Januar 1974 - Juni 1980
Josef **Murawski**	Januar 1974 - Juni 1986
Ulrich **Immenga** *– Vorsitzender*	Januar 1979 - August 1989 *Juli 1986 - August 1989*
Anne-Rose **Iber-Schade**	Juli 1980 - Juni 1988
Wolfgang **Herion**	April 1984 - Juni 1996
Winfried **Haastert**	Juli 1986 - Juni 2002
Carl Christian **von Weizsäcker** *– Vorsitzender*	Juli 1986 - Juni 1998 *November 1989 - Juni 1998*
Elke **Weber-Braun**	Juli 1988 - Juni 2000
Wernhard **Möschel** *– Vorsitzender*	November 1989 - Juni 2000 *Juli 1998 - Juni 2000*
Heinz **Greiffenberger**	Juli 1996 - Juni 2000

Martin **Hellwig** – *Vorsitzender*	Juli 1998 - Juni 2006 *August 2000 - Juni 2004* Juli 2004 – Juni 2006
Jürgen **Basedow** – *Vorsitzender*	Juli 2000 - Juni 2008 *Juli 2004 - Juni 2008*
Stefan **Röver**	Juli 2000 - Dezember 2001
Katharina M. **Trebitsch**	Juli 2000 - Juni 2008
Jörn **Aldag**	August 2002 - Juni 2008
Peter-Michael **Preusker**	Juni 2004 - Juni 2010
Justus **Haucap** – *Vorsitzender*	Juli 2006 - Juni 2008 *Juli 2008 - Juni 2012* Juli 2012 - Juni 2014
Daniel **Zimmer** – *Vorsitzender*	Juli 2008 - Juni 2012 *Juli 2012 -*
Angelika **Westerwelle**	seit Juli 2008
Christiane **zu Salm**	Juli 2008 – Dezember 2011
Thomas **Nöcker**	seit Juli 2010
Dagmar **Kollmann**	seit Januar 2012
Achim **Wambach**	Seit September 2014

Zeitfracht Medien GmbH
Ferdinand-Jühlke-Straße 7
99095 Erfurt, Deutschland
produktsicherheit@kolibri360.de